MUSEO NACIONAL DE ANTROPOLOGIA

GUIA OFICIAL

MUSEO NACIONAL DE ANTROPOLOGIA

TEXTOS

Arqueología:
Carolin Baus de Czitrom, Rosa Margarita Brambila Paz, Amalia Cardóz de Méndez, Martha Carmona Macías, Marcia Castro-Leal Espino, Ma. Dolores Flores Villatoro, Ma. Teresa García García, Ma. de la Cruz Paillés H., Federica Sodi Miranda, Felipe R. Solís Olguín, Olivia Torres Cabello y Margarita Velasco Mireles,

Etnografía:
Efraín Cortés Ruiz, Ma. Olimpia Farfán Morales, Jorge Gómez Poncet, Donaciano Gutiérrez Gutiérrez, Beatriz M. Oliver Vega, Dora Sierra Carrillo, Ma. Cristina Suárez y Farías y Plácido Villanueva Peredo.

INAH-SALVAT

INSTITUTO NACIONAL DE ANTROPOLOGIA E HISTORIA

DIRECTOR GENERAL
Arqueólogo Roberto García Moll

COORDINACION NACIONAL DE MUSEOS Y EXPOSICIONES
Prof. Mario Vázquez Ruvalcaba

COORDINACION NACIONAL DE DIFUSION
Jaime Bali Wuest

DIRECCION DE PUBLICACIONES
Antonio Guzmán

DIRECCION DEL MUSEO NACIONAL DE ANTROPOLOGIA
Dra. Sonia Lombardo

SALVAT EDITORES DE MEXICO, S.A. DE C.V.

DIRECTOR GENERAL
Lic. Leopoldo Escobar Z.

COORDINADOR EDITORIAL
Ma. del Carmen Tejero

DISEÑO E ILUSTRACION
Carlos Anaya Rosique
Sergio Arzate
Patricia Rubio

FOTOGRAFIA
Alejandro Mass
Archivo Salvat

PLANOS DE LA SECCION DE ARQUEOLOGIA
Julio Emilio Romero Martínez

PLANOS DE LA SECCION DE ETNOGRAFIA
Eduardo Hernández Pérez

IMPRESO EN 1991 POR:
Gráficas Monte Albán, S.A. de C.V.
Municipio El Marqués, Querétaro

Impreso en México
Printed in Mexico

Esta quinta reimpresión consta
de 3,000 ejemplares más sobrantes
para reposición.

Indice

Información General

Ubicación

El Museo Nacional de Antropología se encuentra situado dentro de la primera sección de Chapultepec, Paseo de la Reforma y Calzada Gandhi, lugar que fue escogido por su importancia histórica.

La entrada principal para visitar el museo se encuentra sobre Reforma, junto al monolito dedicado a Tláloc.

Horario y Admisión

El museo permanece abierto al público de martes a sábado, de 9:00 a 19:00 hrs.; domingos y días festivos de 10:00 a 18:00 hrs. El costo del boleto que permite el recorrido por las salas permanentes, que contienen tanto las colecciones arqueológicas como las etnográficas, es sumamente módico; los domingos y días festivos la entrada es gratuita. Los estudiantes de escuelas particulares, afiliados a CREA Y CONACURT pagan sólo el 50%. Están exentos de pago los niños menores de 12 años, grupos de indígenas, invidentes, afiliados al INSEN y uniformados de alguna dependencia de gobierno.

Organización

Dirección del museo, Administración, Intendencia y Mantenimiento, departamentos de Arqueología, Etnografía, Museografía, Servicios Educativos, Visitas Guiadas, Relaciones Públicas y Difusión. Cuenta con talleres, laboratorios, bodegas de estudio y gabinetes de investigación.

El edificio alberga además los departamentos de Antropología Física, Lingüística, Arqueología Subacuática, Etnohistoria y la Sección de Máquinas Electrónicas; así como la Biblioteca Nacional de Antropología e Historia.

Visitas Guiadas

El museo cuenta con un equipo de guías especializados en varios idiomas: francés, alemán e inglés. La visita en español es gratuita, en otros idiomas causa un cargo de 500.00 pesos. Si se requiere una visita para un grupo determinado de personas, con día y hora precisa, es conveniente concertar una cita al teléfono 553.62.66 extensiones 24 y 45.

Servicios Educativos

A través de este departamento, el museo presta un servicio de visitas dirigidas para niños, adecuadas a su nivel escolar. Durante los períodos de vacaciones funcionan los talleres de verano que integran elementos básicos de grabado, pintura, modelado en barro, danzas indígenas, etcétera. También se imparten cursos de material etnográfico para maestros. Teléfonos: 553.62.53.y 553. 62.66 extensiones 65 y 67.

Sala de Orientación

En el vestíbulo del museo se localiza la sala de Orientación, en donde por medio de maquetas, proyecciones y explicación oral se da al visitante una visión global del contenido del museo.

Departamento de Difusión

Este departamento se encarga de organizar conferencias de divulgación antropológica, ciclos de conferencias de conocimiento del museo con el nombre de "Visite el museo con nosotros", exposiciones, y de organizar y promover actividades de difusión cultural.

Biblioteca

Horario de servicio para las salas de lectura, de lunes a viernes de 9:00 a 20:45 hrs.; sábados de 9:00 a 13:00 hrs., y domingos de 8:30 a 13:00 hrs. Algunos de los servicios que presta la Biblioteca tienen horario especial. Entre los más importantes se encuentran: préstamos internos y a domicilio; servicio de consulta o referencia; materiales audiovisuales, archivos microfilmados, fonoteca, mapoteca, diapoteca, archivo de historia oral, testimonios pictográficos (códices); publicaciones periódicas y seriadas; salas de lectura; fotocopiado o reprografía; boletín bibliográfico; etcétera.

Servicios Especiales

Exposiciones temporales, mesas redondas, pieza del mes, restaurante, enfermería, sillas de ruedas, préstamo de auditorios para actividades culturales; para solicitar este último deberá dirigirse a la Administración del museo.

NOTA:

Las piezas señaladas con asterisco (*) fueron sustraídas del museo el 25 de diciembre de 1985 y recuperadas el 9 de junio de 1989.

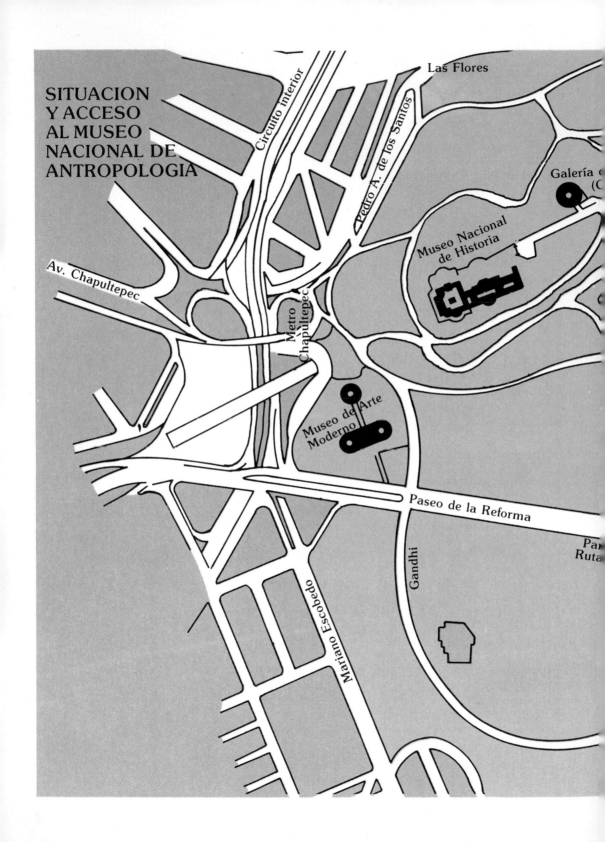

SITUACION
Y ACCESO
AL MUSEO
NACIONAL DE
ANTROPOLOGIA

Las Flores

Circuito interior

Pedro A. de los Santos

Av. Chapultepec

Galería
(C

Museo Nacional
de Historia

Metro
Chapultepec

Museo de Arte
Moderno

Paseo de la Reforma

Par
Ruta

Gandhi

Mariano Escobedo

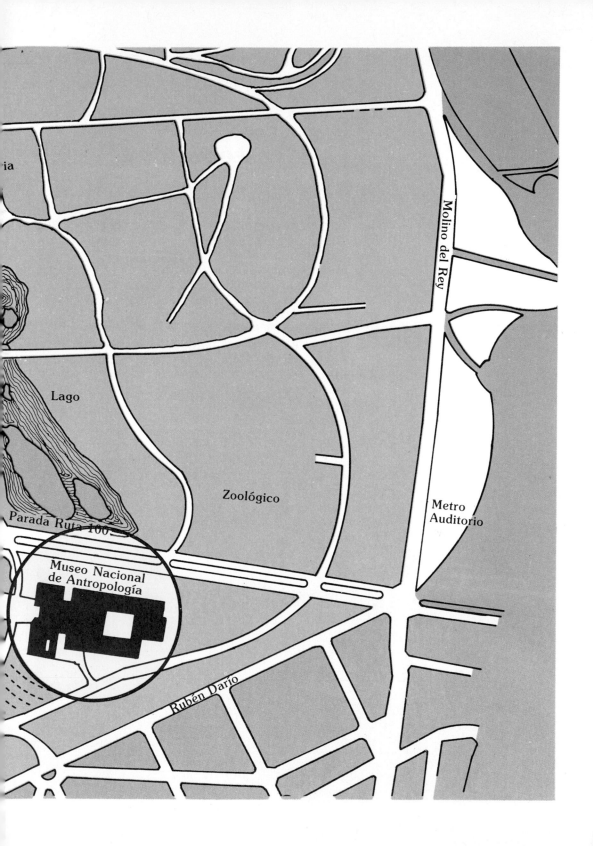

INTRODUCCION

MUSEO NACIONAL

Es el primer museo nacional del continente. El 18 de marzo de 1825 se firmó la orden para la creación del Museo Nacional. Se encontraba ubicado en edificio de la Real y Pontificia Universidad de México y se dividía en dos grandes secciones: antigüedades e historia natural.

El museo se abría al público los martes, jueves y sábados y representaba en el siglo XIX, uno de los lugares más importantes para visitar en la ciudad de México. Contaba con un presupuesto que oscilaba entre los 8,800.00 y los 12,000.00 pesos.

En el año de 1831 las cámaras expidieron el decreto para la creación definitiva del museo dividido en tres ramas: antigüedades, productos de industria, y, la tercera compuesta por historia natural y jardín botánico. Sin embargo, no contaba aún con un edificio propio.

El primer *Museo Nacional Mexicano* fue formado por decreto del presidente Guadalupe Victoria el 18 de marzo de 1825 y se le destinó uno de los salones de la Antigua Universidad.

México Pintoresco. — La ex-Universidad.

La antigua Universidad, hoy Conservatorio de Música

EL MUSEO NACIONAL.
La vista comprende la calle de la Moneda.

El museo en el edificio de la Casa de Moneda. 1866-1964

El 6 de julio de 1866 el museo se trasladó al edificio de Moneda 13, cerca del Palacio Nacional. Allí estuvo hasta septiembre de 1964. Entonces se abría al público durante dos horas, los días martes, jueves y domingos. Su nombre cambió al de Museo Público de Historia Natural, Arqueología e Historia.

En 1867 recuperó su nombre de Museo Nacional. En 1877 se abrió al público la biblioteca, servicio que aún lo acompaña. Hacia 1885 se llevó al museo la Piedra del Sol (actualmente en la sala Mexica) que se encontraba en una de las torres de la Catedral Metropolitana.

En el año de 1887 se abrieron las secciones de Antropología física, Etnografía, Anatomía comparada, Zoología y Botánica aplicada. El entonces presidente Porfirio Díaz inauguró la galería de Monolitos.

El museo realizó ese mismo año la primera expedición científica arqueológica a Oaxaca, y en 1890 a Veracruz; ambas, bajo la dirección del conocido historiador Francisco del Paso y Troncoso.

En 1905 el Museo Nacional impartió clases de arqueología, historia, etnología y náhuatl. En 1907 se colocaron cé-

La antigua *Casa de Moneda* sirvió de local al Museo Público de Historia Natural, Arqueología e Historia a partir de 1866. Al año siguiente cambió de nombre por el de Museo Nacional.

dulas explicativas en los objetos para que el público recibiera una mejor información.

En 1909 se separaron del Museo Nacional las colecciones de Historia Natural, pasando éstas al edificio de El Chopo. A partir de este momento su nombre cambió a Museo Nacional de Arqueología, Historia y Etnografía. El año siguiente el museo se reorganizó. En 1911 albergó las instalaciones de la Escuela Internacional de Arqueología y Etnología Americanas a la que asistieron, para impartir clases, sabios de todo el mundo.

La labor editorial del museo fue de una gran importancia. En el año de 1912, llevaba publicadas doscientos ocho obras, algunas de ellas con premios internacionales.

Hasta 1939, año en que se crea el Instituto Nacional de Antropología, el Museo Nacional fue centro de la más significativa investigación histórica y antropológica del país. En este mismo año las colecciones de historia se separaron para ir al Museo Nacional de Historia, recién creado en el Castillo de Chapultepec. Es a partir de esa fecha cuando recibe el nombre de Museo Nacional de Antropología.

Después de 1939 forma parte del Instituto Nacional de Antropología e Historia y sigue concentrando a gran parte de los antropólogos e historiadores más sobresalientes, al tiempo que realiza labores de investigación, conservación, exhibición y docencia de aquellas obras relacionadas con la antropología (arqueología, etnografía, antropología física y lingüística).

La Escuela Nacional de Antropología e Historia se creó en 1941 y se instaló en el museo hasta el año de 1970. El edificio de Moneda 13 tenía en sus salas de exhibición material arqueológico y etnográfico principalmente, pero se encontraba ocupado por otros departamentos de investigación además de los dos anteriores y la biblioteca que daba servicio al público.

Se conoce poco el importante papel que el Museo Nacional, llamado en distintos momentos: Mexicano; Público de Historia Natural, Historia y Arqueología; Nacional (nuevamente); Nacional de Arqueología, Historia y Etnografía y, finalmente Nacional de Antropología, ha jugado en la conservación, estudio y difusión de nuestro patrimonio cultural. El museo ha sido la primera institución que se ha preocupado por aquellos aspectos que forman nuestra identidad nacional.

Las colecciones arqueológicas fueron, desde sus inicios, una de sus partes más importantes. Esto fue así desde la primera, proveniente de Isla de Sacrificios, Veracruz, hasta la de monolitos donada por Diego de la Rosa, pasando por las de Gama, Plancarte, Heredia, Seler y otras, igualmente significativas, que se fueron agregando, poco a poco, a través de los ciento cincuenta y cuatro años que tiene de vida el museo. Dichas colecciones han quedado unidas, indisolublemente, a la historia del Museo Nacional y a la de la arqueología mexicana.

En ese mismo año se organiza la primera expedición arqueológica científica a Oaxaca, y en 1890, a Zempoala, Veracruz, con lo que el museo se convierte en un agente dinámico de la recuperación del patrimonio arqueológico. En 1892 impulsa la conservación del patrimonio etnográfico, al llevarse a cabo la primera expedición para recuperar este tipo de material a todo lo largo del país y enviarlo a la exposición que en Madrid se realizaba en ocasión del cuarto centenario del descubrimiento de América.

En el año de 1893, la investigación en el museo se preocupa también por las lenguas indígenas, lográndose con esto cubrir todos los campos de la antropología: arqueología, etnografía, antropología física y lingüística, y, colaborando en el rescate de algunos dialectos en vías de desaparición.

El museo se mantuvo como el centro principal de la investigación histórica y antropológica de México durante más

Vista del *patio central del Museo* tomada desde el exterior de la sala Mexica.

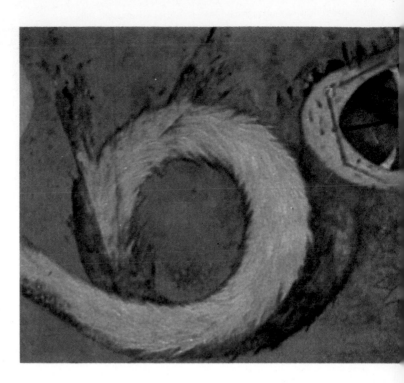

La noche y el día, pintura mural de Rufino Tamayo.

de cien años. Sin su presencia se hubieran perdido, sin duda, muchas de las obras prehispánicas y etnográficas que ahora pueden ser contempladas por las generaciones de mexicanos.

El nuevo edificio en Chapultepec. 1964

El Museo Nacional de Antropología se encuentra situado dentro de la primera sección del bosque de Chapultepec. Fue construído en 18 meses, por el arquitecto Pedro Ramírez Vázquez. La obra contó con el apoyo de un numeroso equipo formado por 42 ingenieros, 52 arquitectos y 40 asesores científicos, antropólogos, historiadores, asesores didácticos, pintores y escultores. Fue inaugurado el 17 de septiembre de 1964.

El área de exhibición con que cuenta tiene 30,000 metros cuadrados; 6,000 metros cuadrados están dedicados a talleres, laboratorios y bodegas; 45,000 metros cuadrados son de áreas descubiertas.

Posee 24 salas de exhibición permanente en 28,900 metros cuadrados, una de exposiciones temporales en 1,400 metros cuadrados y tres auditorios con un total de 630 butacas. Cuenta con un restaurante con cupo para 400 personas. Alberga a la biblioteca "Eusebio Dávalos Hurtado" del Instituto Nacional de Antropología e Historia que tiene una capacidad para 50,000 volúmenes.

Dentro de sus instalaciones se ubicó hasta hace unos años a la Escuela Nacional de Antropología e Historia, con capacidad, en aquel entonces, para 500 alumnos.

En este lugar se encuentran actualmente los Departamentos de Investigación: Lingüística, Etnohistoria, Arqueología Subacuática y Archivos y Bibliotecas del Instituto Nacional de Antropología e Historia. En la planta baja se ubica el Departamento de Paseos Culturales del mismo Instituto. En el vestíbulo hay una sala de Orientación que, por medio de maquetas, proyecciones y explicación oral, da al visitante una visión de lo que encontrará dentro del museo. Asimismo se encuentra la sala de Exposiciones Temporales.

Dentro de las diversas salas del museo se encuentran ubicados murales y pinturas que fueron realizados por los siguientes artistas: Raúl Anguiano, Leonora Carrington, Rafael Coronel, Luis Covarrubias, José Chávez Morado, Arturo García Bustos, Matías Goeritz, Jorge González Camarena, Rina Lazo, Carlos Mérida, Adolfo Mexiac, Pablo O'Higgins, Fanny Rabel, Regina Roull, Rufino Tamayo y Agustín Villagra.

La columna que sostiene el techo del patio es obra de los hermanos José y Tomás Chávez Morado, con una superficie cubierta de 4,368 metros cuadrados, una altura total de 28.70 metros, y su peso es de 2,000 toneladas.

El recorrido total para visitar las salas de exhibición es de 5 kilómetros.

PLANO DE LA PLANTA BAJA

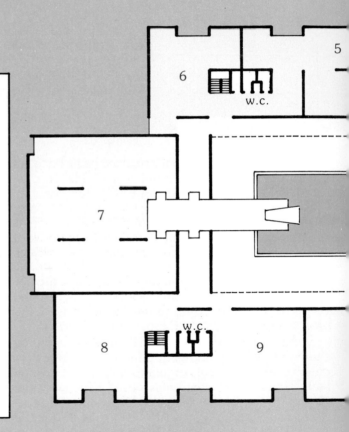

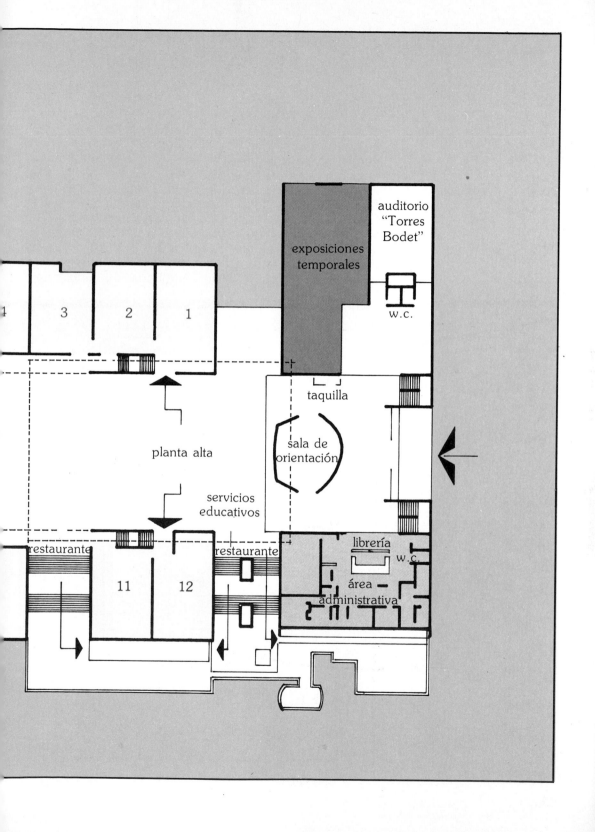

SALA 1. INTRODUCCION
A LA ANTROPOLOGIA

La Antropología es la ciencia que estudia al hombre en el sentido más amplio, ya que combina en una sola disciplina los enfoques de las ciencias biológicas y las sociales: estudia al hombre como miembro de una sociedad y su comportamiento dentro del reino animal.

La Antropología se divide en dos grandes ramas: la Antropología Física y la Antropología Cultural. La primera estudia al hombre en su aspecto biológico; su evolución a través del tiempo y su adaptación al medio ambiente. La segunda, estudia el comportamiento, el desarrollo de la cultura del hombre; entendiendo por cultura las formas de vida comunes de un grupo de seres humanos en cualquier tiem-

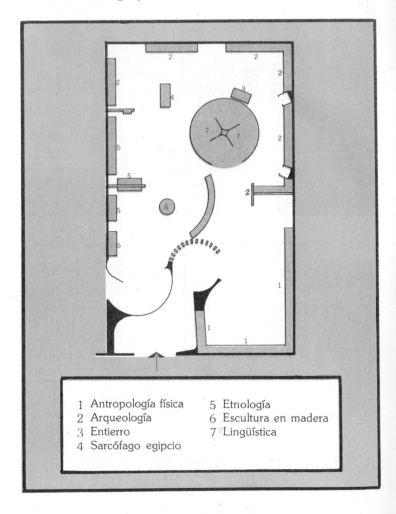

1 Antropología física
2 Arqueología
3 Entierro
4 Sarcófago egipcio
5 Etnología
6 Escultura en madera
7 Lingüística

Mural de Jorge González Camarena inspirado en las diferentes razas, representadas por mujeres de diversos tipos físicos.

po, congregados en una comunidad y que realizan actividades tales como la cacería, las prácticas mágicas o religiosas y la defensa contra otros grupos.

Dentro de la rama de la Antropología Cultural, se encuentran las siguientes ciencias:

a) La Arqueología, que estudia los restos materiales legados por el hombre, por medio de los cuales se puede reconstruir el modo de vida y la sociedad del pasado.

b) La Lingüística, que estudia el lenguaje: sus orígenes, su estructura, su desarrollo a través del tiempo, y por medio del método comparativo trata de reconstruir la historia de la lenguas.

c) La Etnología, que se ocupa de estudiar las semejanzas y diferencias entre las diversas culturas humanas, ya sean sociedades actuales o pasadas.

La Antropología como ciencia comienza a partir del siglo pasado, pero no hay que olvidar que tiene sus raíces en la antigüedad, cuando el hombre empieza a preguntarse quién es, de dónde viene, que ocurre después de la muerte; hecho al que se enfrenta desde antaño de manera cotidiana.

Los griegos de la antigüedad tuvieron esa preocupación. Herodoto fue el primer gran historiador de esa época, ya que se ocupa de describir las costumbres de otros pueblos como las de los egipcios. Por otra parte es el descubrimiento

19

Figuras representativas de las *complexiones y estaturas* humanas.

de América un acontecimiento que despierta el interés y mueve al hombre europeo a preguntarse sobre sí mismo. De pronto se encuentra con seres desconocidos hasta entonces, poseedores de una cultura avanzada.

Se considera al padre Bernardino de Sahagún el primer etnólogo americano, ya que describe detalladamente las costumbres de los mexicas, considerándose ésta otra gran aportación al campo de la Antropología.

Otro gran avance en este renglón fue la publicación por Charles Darwin de la Teoría de la Evolución, en la que propone acerca del aspecto biológico del hombre, que la vida evoluciona de las formas más sencillas hasta llegar a formar los más complicados organismos vivos, como es el caso de los seres humanos, que a lo largo de miles de años se adaptaron al medio ambiente.

La Prehistoria es una rama de la Antropología que estudia a los primeros hombres que caminaron sobre la tierra, y las huellas que a su paso dejaron.

Sabemos que el hombre como hoy lo conocemos, es resultado de una serie ancestral de antropoides. Las características primordiales del *Homo Sapiens* con respecto a los demás antropoides son, entre otras: posición completamente erecta; locomoción bípeda; período muy largo de crecimiento; extremidades inferiores más largas que las superiores; poco prognatismo; arco dentario de forma parabólica; gran reducción del tamaño en los caninos; carencia de diastema en los maxilares; nariz prominente; mucosa labial vuelta hacia el exterior; dedo gordo del pie no oponible a los otros y situado en el mismo nivel; mentón bien marcado; escaso sistema piloso corporal; carencia de pelos táctiles; cerebro dos veces mayor que el más grande de los antropoides; fosas ilíacas situadas frente a frente (en vez de estar orientadas hacia adentro) y visión estereosíopica.

A partir de los fósiles hallados y de los resultados obtenidos por diversas disciplinas, podemos decir que la evolución de la humanidad se inicia en un grupo de primates inferiores cuyo representante sería el *Lemur*, al que se le atribuye una antigüedad de 50 millones de años.

El siguiente eslabón corresponde al conjunto llamado *Propliopiteco* que apareció hace unos 35 millones de años; pasaría luego a seres semejantes al *Ramapiteco*, con una antigüedad de 14 millones de años. Alrededor de un millón y medio y tal vez emparentado con algunas de las especies de *Australopitecidos* se originó el *Homo Erectus*, capaz de fabricar utensilios, cazar animales mayores y servirse del fuego. Este último se dispersó por todo el Viejo Mundo, a diferencia de los anteriores, del que sólo se han encontrado fósiles en el sur y oriente del continente africano.

A estos le seguiría el *Homo Sapiens Neanderthal*, cuya aparición data de hace 100 mil años, del que encontramos, restos dispersos en una extensa zona que incluye principal-

Diorama mostrando una *escena de cacería* del Paleolítico Inferior.

mente Europa, norte de Africa y el Cercano Oriente. Al cabo de 50 mil años de existencia, desaparecieron. ¿Qué ocurrió con los *Neanderthales?* ¿Por qué no se han encontrado sus restos después de esas fechas? ¿Fueron exterminados por los hombres de *Cro Magnon*, arrojados a las zonas marginales o se mezclaron con ellos?

Aún no ha podido resolverse el problema, lo cierto es que no se han encontrado más fósiles. Probablemente se dispersaron en las zonas periféricas. Sin embargo, estos dieron origen al *Homo Sapiens Sapiens*, al hombre semejante a nuestros contemporáneos, hace aproximadamente 40 mil años.

Según los datos disponibles el hombre americano llegó a este continente procedente del Asia Oriental, aproximadamente hace 30 mil años. Durante las glaciaciones las hordas de cazadores siguiendo a los grandes animales (mamuts) cruzaron en diferentes épocas el puente terrestre que unía al continente asiático y al americano por lo que hoy conocemos como el estrecho de Bering.

Tenemos en América testimonios de ese hombre prehistórico. Como ejemplo mencionaremos los restos humanos, probablemente femeninos, de Tepexpan, a 40 kilómetros de la ciudad de México, encontrados bajo una capa de caliche, testigo de un período cálido y seco que por haberse encontrado intacto, garantizaba la antigüedad pleistocénica del hallazgo. Raíces fósiles en las inmediaciones del esqueleto, dieron una antigüedad de 11 mil años.

En Tlapacoya, Estado de México, fue descubierto otro cráneo al que se le atribuyen más de 9 mil años de antigüedad.

Nuestros más remotos antepasados, en situaciones de peligro, utilizaron cualquier hueso, rama o piedra que encontraron al alcance de la mano como medio de defensa, y aún hoy para la Arqueología, parece imposible detectar el punto en que se empezaron a modificar gradualmente estos objetos. Con gran lentitud fueron apareciendo las primeras herramientas y armas, como lo fueron las piedras y los huesos trabajados.

Fabricar herramientas, y modificar la materia prima de acuerdo con una idea preconcebida y transformarla, es un paso muy importante en el proceso de hominización, y, por lo tanto, se considera que esas primeras piedras talladas son testimonio de la aparición del hombre.

Una primera clasificación cultural o arqueológica de los tiempos prehistóricos de menor a mayor antigüedad, en base a los instrumentos y herramientas encontrados, podría resumirse y caracterizarse del modo siguiente:

Metales (cobre, bronce, hierro), cuya utilización sustituyó con relativa rapidez al período lítico anterior.

Neolítico, con instrumentos de piedra pulida asociados a los de piedra tallada, cerámica, domesticación de animales, agricultura.

Mesolítico, corto período de transición entre el Paleolítico y el Neolítico.

Paleolítico, con instrumentos de piedra tallada sin pulir, se divide en: Superior: gran importancia de la industria del hueso, utensilios y armas de piedra especializados, hogares y sepulturas, gran desarrollo del arte (grabados, esculturas, pinturas). Medio: no se conoce el arte, ya aparecen sepulturas, inicio de la utilización de hueso para fabricar artefactos, técnicas líticas, diversas. Inferior: artefactos líticos poco especializados, probable uso del fuego.

Posibles industrias paleolíticas

Las primeras manifestaciones artísticas mágico religiosas las constituyen las pinturas rupestres en las cuevas y abrigos rocosos, usados como habitación temporal. La cueva de Lascaux es un ejemplo. Fue llamada la "Capilla Sixtina" de la prehistoria por el abate Breuil, se trata de bellas pinturas que el hombre de aquella época dibujó y coloreó en sus paredes: bisontes, mamuts, toros, caballos; con soberbias estilizaciones y figuras dotadas de gran movimiento. Otras pinturas de singular belleza son las de la cueva de Altamira, cerca de Santander, España.

Datos de clima y fauna, hallazgos arqueológicos y un gran arte pictórico, son los únicos testimonios disponibles para vislumbrar el género de vida de estos hombres que son, desde el punto de vista evolutivo, decididamente modernos. Los llamados *Cro Magnon* llegaron a ocupar una extensa zona que comprende desde los Pirineos hasta el Mar Muerto, según indica el área de dispersión de los hallazgos de figurillas de mujer tipo "venus", con las que representaban la fertilidad. Estas presentan los senos abultados, al igual que las caderas y los muslos.

La aparición de la agricultura fue un gran paso en la evolución cultural del hombre: lo hizo menos dependiente de los caprichos de la naturaleza, y así, pudo tener una habitación fija y formar pequeñas aldeas. Con el tiempo, la labranza de la tierra produjo sobrantes alimenticios, se construyeron silos y se empezó a almacenar el grano. Lo anterior provocó un aumento de la seguridad colectiva y por ello, algunos miembros de la comunidad tuvieron libertad suficiente para dedicarse a labores especializadas. aparecieron los artesanos y se hizo posible el comercio.

Las prácticas funerarias existieron desde la más remota antigüedad. La vida sedentaria ocurrió gradualmente, traduciéndose en la agrupación de viviendas hasta formar aldeas. Ello dió origen a los cementerios o tumbas colectivas, donde se han encontrado inhumados numerosos esqueletos. Las dos formas más frecuentes de entierro fueron en posición extendida o bien fuertemente flexionados con las rodillas apoyadas en la barbilla. También existió el rito de la cremación de los cadáveres, tal vez por temor a los muertos, a los cuales se rendía toda clase de honores. Los entierros fueron evolucionando hasta construirse tumbas *ex profeso* para inhumar a los grandes señores o sacerdotes tanto en el Viejo Mundo (Egipto) como en el Nuevo Mundo (Palenque).

Resulta difícil de creer que la agricultura se inventó una sola vez en la historia de la humanidad. Las plantas que se cultivaron en la América prehispánica y en el Viejo Mundo, pertenecieron a especies botánicas diferentes. Por otra parte, la agricultura de cereales sembrados en Europa y el Medio Oriente, contrastan marcadamente con la horticultura practicada en la zona del sureste de Asia. Estas diferencias son fundamentales y hacen pensar por lo menos en tres orígenes y tres fechas diferentes para la invención de la agricultura.

La invención de la alfarería· poder construir vasijas de barro amasadas con agua y cocidas al fuego, tuvo que ser el resultado de muy largos ensayos. Representa la necesidad de empezar buscando un depósito de arcilla que sea adecuado, que contenga silicato de aluminio. Después hay que mezclar el material con determinada cantidad de agua, hasta formar una pasta que sea manejable. Posteriormente se añade un desgrasante que puede ser arena fina, concha, o bien piedra pulverizada, cuya función es la de distribuir las tensiones que se desarrollan dentro del barro al cocerse

Ejemplo de habitación de los indios de norteamérica.

Representación de *Tot, el dios egipcio* que presidía la escritura y las ciencias.

y evitar así que se agriete. Se continúa el proceso dándole forma. Los objetos pequeños se modelaban directamente. Para los de mayor tamaño había que hacer largas tiras de pasta que luego se iban enrollando en espiral hasta obtener la forma deseada, haciendo desaparecer las uniones por medio de presión y alisamiento. Fue mucho más tarde cuando se inventó el torno de alfarero. La ornamentación viene al final del proceso y se logra alterando la superficie a intervalos regulares por medio de incisiones, pellizcos o presiones. Finalmente la cocción, es decir cuando se somete la pieza a una temperatura cercana a 600° C, que no es fácil de obtener al aire libre. Para ello se precisa cubrir parcialmente el fuego, haciendo una especie de horno. Primero es necesario dejar secar la pieza a la sombra y luego al sol y ornamentarla con figuras de colores.

Aun cuando las vasijas de barro son frágiles, sus restos son prácticamente indestructibles. Los tiestos (tepalcates) no se descomponen al contacto con la tierra o la humedad, y como no tienen valor alguno esos fragmentos permanecen habitualmente en el lugar donde fueron arrojados y ahí se van acumulando por siglos. Esos "basureros" son para el arqueólogo una fuente inapreciable de datos. El orden de sucesión de las capas que los van cubriendo, al momento de excavarlos y las variaciones en la clase de barro y los estilos de ornamentación, constituyen una columna estrati-

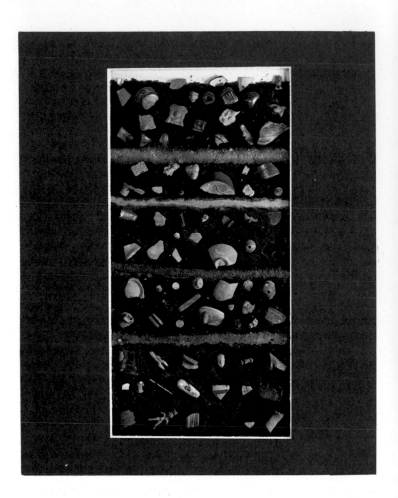

Las *capas estratigráficas* guardan restos de las obras del hombre. Corte geológico-cultural de la Cuenca de México, reconstruido en que se observan los cambios de la cerámica y artefactos, a través del tiempo.

gráfica, que sirve de reflejo de la permanencia o los cambios culturales de los antiguos habitantes del lugar.

Estas invenciones del hombre dieron lugar a otras como la rueda (en el Viejo Mundo), la tracción animal, la fabricación de pan, de queso, la fermentación alcohólica, la cocción de los alimentos, el hilado y tejido en telar, los vestidos, la albañilería y los refinamientos en carpintería y minería. Sumados a la irrigación, comercio, transporte por mar y tierra, organización política y social e invención de la escritura.

En Mesoamérica las invenciones de los grupos humanos se rigieron en diferentes esferas, como la agricultura por medio del bastón plantador, chinampas, cultivo de la chía para elaborar bebidas y aceites, cultivo del maguey para hacer pulque o papel, cultivo del cacao, molienda del maíz y su cocimiento con cal o ceniza, uso ritual del papel y del hule, fiestas religiosas, calendario religioso de 260 días y calendario solar de 365 días, escritura glífica, códices, pirámides escalonadas y gran desarrollo en las artes y el comercio organizado.

SALA 2. MESOAMERICA

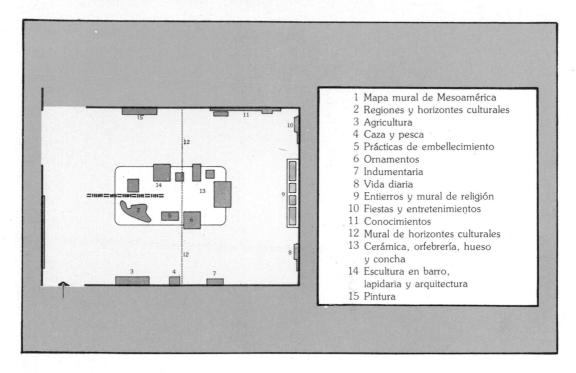

1 Mapa mural de Mesoamérica
2 Regiones y horizontes culturales
3 Agricultura
4 Caza y pesca
5 Prácticas de embellecimiento
6 Ornamentos
7 Indumentaria
8 Vida diaria
9 Entierros y mural de religión
10 Fiestas y entretenimientos
11 Conocimientos
12 Mural de horizontes culturales
13 Cerámica, orfebrería, hueso
   y concha
14 Escultura en barro,
   lapidaria y arquitectura
15 Pintura

MESOAMERICA: UN CONCEPTO CULTURAL

El término Mesoamérica no es un concepto geográfico, sino que designa un área con toda una serie de rasgos culturales que compartieron los grupos que se establecieron allí, y en la cual encontramos diferencias regionales. En general, puede decirse que en Mesoamérica se produjo un alto nivel cultural cuyo desarrollo histórico siguió líneas paralelas y culminó, en algunos casos, en verdaderas civilizaciones.

Por el norte, el área mesoamericana abarcó desde el río Soto la Marina, en Tamaulipas, hasta el río Sinaloa, al occidente de México; por el sur, sus límites fueron el Golfo de Nicoya, en Costa Rica, y el río Motagua de Honduras. Sin embargo, estas fronteras no permanecieron invariables, sobre todo en la parte septentrional, ya que sufrieron variaciones a través del tiempo debido a la expansión o la retracción, según las épocas de florecimiento o debilitamiento que se dieron.

En este mapa se aprecia el territorio que denominamos Mesoamérica, sus límites generales y los rasgos más sobresalientes de las principales culturas prehispánicas.

Hacia el occidente, encontramos representada la cerámica de Guasave, Chametla, Sinaloa; las figurillas huecas y los perros de Colima; la lapidaria estilo Mezcala, caracte-

rística de Guerrero y las Yácatas y pipas de Michoacán. Al sur, en la parte correspondiente a Oaxaca, se observa una lapidaria y las urnas zapotecas, así como la metalurgia y cerámica polícroma mixtecas.

Al oriente, los huaxtecos están representados por su alfarería y su escultura; el centro de Veracruz, por sus palmas, yugos, hachas y caritas sonrientes; los olmecas, por sus cabezas colosales.

En la zona central aparece la escultura monumental de Tula, un templo gemelo mexica, la estela de Xochicalco, la cerámica teotihuacana pintada al fresco y la cerámica polícroma de Cholula.

Por el sur, encontramos una muestra característica de la arquitectura, lapidaria y cerámica de los mayas.

Para su estudio, el territorio mesoamericano se ha dividido en cinco grandes regiones: Occidente de México, Altiplano Central, Costa del Golfo, Oaxaca y la zona Maya. Como en estas regiones se sucedieron varias culturas a través del tiempo, se han distinguido tres grandes períodos histórico-culturales.

EVOLUCION Y DESARROLLO DE LAS CULTURAS MESOAMERICANAS

Preclásico (1800-100 a.C.)

Los grupos que originalmente habían sido cazadores-recolectores, se convirtieron en agricultores e iniciaron una vida sedentaria en pequeñas aldeas. La alfarería varió desde monocroma y burda, en las primeras fases, hasta bícroma y polícroma, con formas más variadas y complejas. Las primeras figurillas, generalmente femeninas y toscas, evolucionaron también hasta alcanzar una excelente calidad en temas relacionados con sus actividades y creencias, ya que se inició la casta sacerdotal, el culto a las deidades, los ritos mortuorios y la construcción de basamentos para templos. En algunos grupos también surgió una escritura jeroglífica incipiente.

Clásico (100 a.C.-800 d.C.)

Durante la época del florecimiento de las altas culturas, se erigieron los centros ceremoniales, llegando a formar verdaderas ciudades, ya que comprendían no sólo los edificios dedicados al culto sino también los edificios donde se atendían asuntos administrativos, residencias de los dirigentes, casas artesanales, etcétera.

La cerámica, al igual que las figurillas, se trabajaba en una amplia gama de formas y técnicas de manufactura. A la par, se dio el auge en las artes (arquitectura, escultura, pintura) y en los conocimientos científicos, el cual se advertiría principalmente en avances astronómicos y matemáticos. La escritura se tornó más compleja en algunos grupos, al tiempo que la religión se transformaba en el punto básico y que originaría inclusive un gobierno teocrático.

Postclásico (800-1521 d.C.)

Con el paso del tiempo las sociedades teocráticas se hicieron militaristas; por medio de la guerra, algunos pueblos se erigieron en líderes y conquistaron e impusieron tributo a otros. Bajo este ambiente belicoso, aparecen las ciudades fortificadas.

Se introdujo la metalurgia, se intensificó el riego artificial y los códices muestran el grado sobresaliente de la escritura, que entre algunos grupos, como los mayas y mexicas, emplearía caracteres ideográficos y fonéticos.

Si bien es cierto que en algunas regiones se apreciaba ya la decadencia, en el centro los mexicas dominaban extensos territorios e iban fortaleciendo el incipiente imperio al que puso fin la violenta conquista española.

AGRICULTURA

Los grupos mesoamericanos fueron básicamente agricultores. El maíz era el cultivo principal y, junto con el frijol, la calabaza y el chile, la base de su alimentación.

Para el cultivo, algunos pueblos emplearon el sistema de humedal o avenida, sembrando en las márgenes de ríos o lagos; el sistema de roza en valles y laderas; el de terrazas,

Figurilla masculina en pastillaje del Preclásico Medio.

Carita sonriente.

con el que se aprovechaba una mayor superficie; y ya en épocas tardías, un riego artificial organizado por medio de canales y el uso de chinampas y huertas.

En la actividad agrícola intervenían tanto hombres como mujeres. Los implementos que usaban (coas o azadas, bastones plantadores, hachas) eran de piedra o madera; con la introducción de la metalurgia, en algunas regiones se utilizaron herramientas de cobre.

Aparte de las ya mencionadas cultivaron gran número de plantas alimenticias, otras medicinales y otras con fines utilitarios. Con la conquista, muchas plantas pasaron al mundo occidental como contribuciones de Mesoamérica; entre ellas el aguacate, el zapote, el amaranto (conocido actualmente como mazautle o dulce de alegría), el cacao, etcétera.

ALIMENTACION

Los pobladores de Mesoamérica complementaban su dieta alimenticia con la caza de animales tales como: venado, guajolote, jabalí, pato, conejo, perdiz, tortuga, cangrejo, caracol; así como la pesca de almeja, pescado, etcétera. Ade-

Algunos ornamentos de las culturas de Mesoamérica: *orejera, bezote colgante y collar.*

31

Enterramiento en urna.

más recolectaban miel, larvas de insectos, frutos, raíces, tubérculos, etcétera, que variaban según el medio.

Para la realización de estas actividades empleaban el *átlatl* o lanzadardos, arcos y flechas, lanzas, hondas, trampas, redes, anzuelos, empalizadas e inclusive veneno.

INDUMENTARIA

En general, los grupos mesoamericanos usaron sencillas prendas de vestir, diferenciándose básicamente en la calidad de los materiales y la decoración de acuerdo con el rango social. Los hombres vestían comúnmente con *máxtlatl* o braguero y una manta; las mujeres, con una enagua o falda y blusa o *huipil*.

COSTUMBRES Y ADORNOS

Como medio de embellecimiento algunos grupos acostumbraban deformarse el cráneo, mutilarse los dientes, pintarse el rostro o el cuerpo, tatuarse, escarificarse, producirse intencionalmente bisquera o perforarse el lóbulo de las orejas, el septum nasal o debajo del labio inferior para colocarse orejeras, narigueras y bezotes.

Aparte de los recursos antes mencionados, los mesoamericanos se adornaban con una gran variedad de ornamentos: collares, anillos, pectorales, pendientes y pulseras, elaborados con diferentes materias primas, tales como obsidiana, cristal de roca, hueso, concha, jadeíta, oro, plata, cobre y turquesa. Tales objetos no sólo impresionan por su belleza, sino por la delicadeza y maestría con que fueron hechos.

ESTRATIFICACION SOCIAL

Puede decirse que, en general, las sociedades mesoamericanas estaban divididas en estamentos: una élite privilegiada que comprendía a los señores, sacerdotes y jefes militares y una clase trabajadora compuesta por la mayoría del

Maqueta del *Templo Mayor* de México-Tenochtitlán.

pueblo que abarcaba campesinos y pequeños artesanos que sostenían, básicamente, a los primeros.

RELIGION

La religión era politeísta, y aunque los nombres de los dioses variaban según la región, sus atributos eran similares. Así el dios de la lluvia, aparece bajo diferentes nombres en forma predominante en toda Mesoamérica: Tláloc, Cocijo, Tajín, Chac. Chupi-Tirípeme.

Los sacrificios humanos fueron uno de los tantos ritos religiosos en Mesoamérica. No se llevaban a cabo por crueldad, como los calificaban los españoles, sino como una medida más entre otras para mantener satisfechos a los dioses y conservar así el equilibrio del universo.

En vista de que la religión significaba un aspecto tan importante, la muerte jugó un papel de primer orden. En la sala se muestran algunos de los diferentes tipos de enterramiento que se practicaban: primarios, en decúbito dorsal o ventral y en urnas individuales o múltiples.

CONOCIMIENTOS ALCANZADOS

Entre los conocimientos más importantes que alcanzaron los mesoamericanos estuvieron el uso de una numeración vigesimal, el concepto de cero, el desarrollo de un calendario basado en observaciones astronómicas, un amplio conocimiento en medicina, la elaboración de códices, una arquitectura muy desarrollada, etcétera.

También se llegó a un enorme desarrollo en las artesanías y en artes tales como la metalurgia, la cerámica, el tallado en concha y hueso, la escultura en barro, la lapidaria, la pintura y la escultura.

La sala concluye mostrando al visitante el desarrollo arquitectónico de los diferentes basamentos para templos construídos en Mesoamérica, desde el más sencillo en el cerro de Tepalcate hasta el Templo Mayor de Tenochtitlán.

SALA 3. ORIGENES

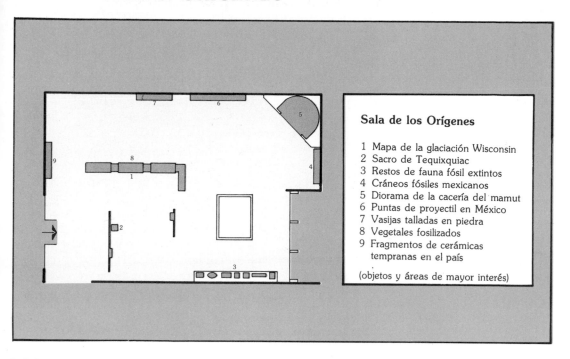

Sala de los Orígenes

1 Mapa de la glaciación Wisconsin
2 Sacro de Tequixquiac
3 Restos de fauna fósil extintos
4 Cráneos fósiles mexicanos
5 Diorama de la cacería del mamut
6 Puntas de proyectil en México
7 Vasijas talladas en piedra
8 Vegetales fosilizados
9 Fragmentos de cerámicas
   tempranas en el país

(objetos y áreas de mayor interés)

LOS PRIMEROS POBLADORES

Hace alrededor de tres millones de años, la tierra sufrió una serie de glaciaciones, avances de hielo y nieve en mantos que en algunos casos alcanzaban miles de metros de espesor, cubrieron parte de los continentes y obligaron a descender de su nivel normal las aguas de los mares. Durante estos tres millones de años hubo avances mayores y menores, con intervalos de mejoría climática de templado a caluroso; en estos lapsos, los glaciares se retiraban y sólo quedaban en las cumbres de las montañas y en los polos.

Nuestros primeros pobladores llegaron cruzando el estrecho de Bering durante la última glaciación, llamada Wisconsin en América y Würm en Europa. El estrecho de Bering tiene sólo 40 metros de profundidad, y como descendieron las aguas de los mares en varias ocasiones hasta 50 metros, este paso quedó transitable y los continentes se unieron. Hubo ocasiones en que el mar descendió a su más bajo nivel, entre 100 y 110 metros y afloró a la superficie una masa terrestre a la cual se le ha dado el nombre de Beringia.

Ante tal escenario es sencillo imaginar el cruce a pie durante el transcurso del máximo glaciar del período Wisconsiniano, que se inició hace unos 60,000 años y culminó hace 18,000 años, aproximadamente. Durante las tres glaciaciones anteriores a la mencionada, no pisó América ninguna

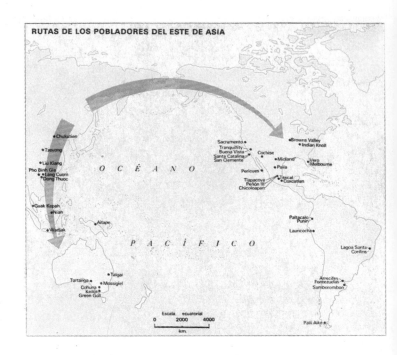

RUTAS DE LOS POBLADORES DEL ESTE DE ASIA

especie emparentada con el hombre. Los nómadas que incursionaron en|nuestro continente son *Homo Sapiens* pertenecientes al grupo mongoloide. Alrededor de 6,000 a.C., se cierra definitivamente el "paso" por el estrecho y se configura esta región como actualmente la conocemos. Sin embargo, no descartamos la posibilidad de contactos transoceánicos en épocas posteriores, sobre todo con grupos reducidos de australoides y melanesoides.

LA CACERIA DE UN MAMUT

Las zonas lacustres de nuestro país han preservado restos de fauna fósil, los mamutes entre otras especies, que nos permiten reproducir arqueológicamente la forma de vida de los hombres que habitaron hace aproximadamente 12,000 años.

La importancia de estos hallazgos reside en la asociación arqueológica de artefactos como puntas de proyectil, raspadores, raederas y navajas. Todos ellos, tallados en piedra y usados para matar y destazar animales, demuestran la presencia humana en este período.

La zona de Tepexpan-Iztapan, que aquí se reproduce, debió ser escenario de ese tipo de cacerías al igual que otras regiones lacustres del país, ya que se ha encontrado una considerable cantidad de restos óseos y líticos que permiten suponer tal hecho.

Al acudir a beber agua los animales se enfangaban en el fondo lodoso del gran lago. Los hombres prehistóricos apro-

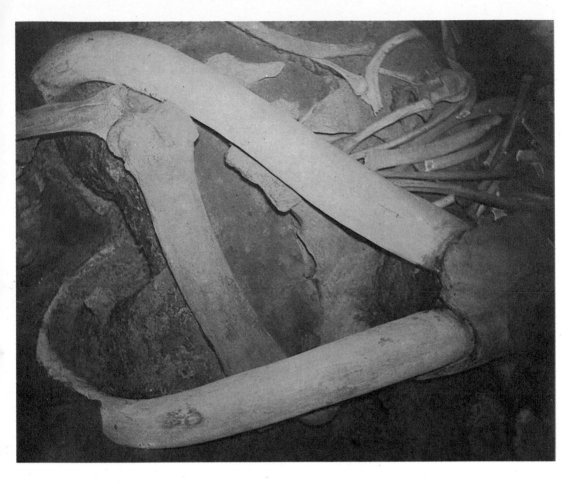

vechaban esta situación para poder acosarlos; de no haber sido así, lo rudimentario de sus armas hubiera impedido la cacería de estos grandes mamíferos. La carne obtenida ayudaba a complementar la dieta básica de los recolectores de frutos, semillas y vegetales silvestres; su piel serviría para confeccionar sencillas vestimentas y para abrigar sus viviendas.

Reconstrucción de la excavación del *Mamut No.* 2 encontrado en Santa Isabel Iztapan, Estado de México.

MAQUETA DEL VALLE DE MEXICO

Nuestro antiguo gran lago tuvo origen pluvial y se formó durante el pleistoceno. A sus orillas se han podido localizar importantes yacimientos de huesos de animales e incluso humanos, además de numerosos artefactos de origen prehistórico.

Durante el siglo XIII de nuestra era el extenso lago recibía distintos nombres de acuerdo con los pueblos asentados en sus riberas; de este modo se le conocía fragmentariamente como lago de Texcoco, llamado también de México, de Xaltocan, de Zumpango y de Chalco-Xochimilco; este último contenía agua dulce, en tanto el de Texcoco situado al norte, era de agua salada y mayor en tamaño, aunque en su parte septentrional había agua dulce. Alteraciones en la temperatura, cambio en la temporada de lluvias y la disminución del caudal del subsuelo, fueron las causas naturales de que declinara el nivel del lago y aparecieran algunas porciones de tierra, como islas, antes cubiertas por agua.

Fueron los aztecas los primeros en realizar actividades de desecación del lago para fundar su ciudad. Empero, a medida que ésta y la población crecieron, se fue haciendo más necesaria la intervención del hombre para cambiar la fisonomía del lago.

LA PREHISTORIA EN MEXICO

El empleo de instrumentos hechos con piedra fue la base sobre la que descansó la economía de los grupos prehistóricos y a través de ella podemos apreciar la evolución de sus culturas. Vemos que fabricaron artefactos como raspadores, raederas, tajadores, cuchillos y puntas de proyectil. Esos grupos dependieron de una economía de recolección apoyada con la cacería. Sin embargo, observamos que además contaban con piedras de molienda, machacadores y morteros, lo que significa la combinación con una economía de recolección para complementar su dieta alimenticia. La piedra sirvió para una amplia variedad de usos: como medio de proveerse alimentos; de defensa; construcción o como herramienta para elaborar otros artefactos.

Para su estudio la prehistoria de nuestro país ha sido dividida en tres grandes períodos:

Puntas de proyectil de diversos tamaños y formas, utilizados por los cazadores del período Cenolítico de México. Mostramos el posible enmangamiento de éstas.

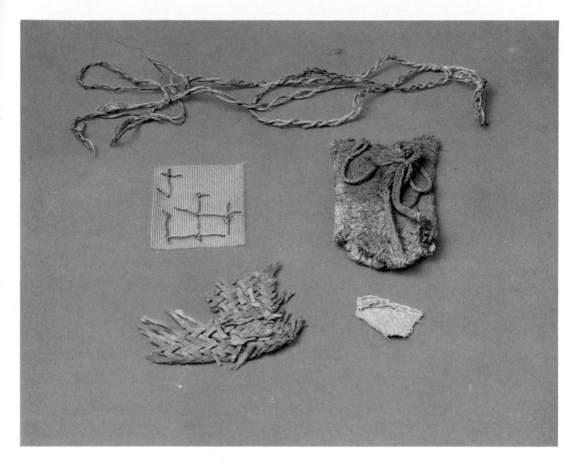

Arqueolítico: (Piedra antigua)

Lapso comprendido para el continente americano entre 60,000 y 12,000 a.C.; en el caso particular de nuestro país, dicho período abarca de 30,000 al 12,000 a.C.

Cenolítico: (Piedra reciente)

Se subdivide en dos etapas según el grado de avance de cada cultura. Recibe el nombre de Inferior la comprendida entre 12,000 y 7,000 a.C. Los hombres de esta etapa aún eran cazadores-recolectores, a diferencia de los de la etapa Superior (7,000 al 5,000 a.C.), quienes dieron los primeros pasos hacia la domesticación.

Protoneolítico

Se trata de un período de transición (5,000 al 2,000 a.C.) durante el cual surgen las primeras aldeas, alfarerías y grupos semisedentarios.

Lote de *objetos de fibras vegetales*: cuerdas, red, sandalias, fragmento de petate, fragmento de algodón.

A lo largo de los dos primeros períodos se produce la organización genérica de grupos nómadas, recolectores de alimentos, que se organizaron socialmente a partir de una estructura del tipo familiar. Fue quizá durante el período Cenolítico cuando empezaron a formarse grupos de aproximadamente treinta individuos para integrar partidas de caza, ya que debido a lo rudimentario de sus armas resultaba necesaria la cooperación en esta actividad para lograr el éxito. Ya en el Cenolítico Inferior se confeccionaron las primeras puntas de proyectil y se mejoraron las técnicas para fabricar distintos artefactos, lo que benefició a la cacería. Las investigaciones arqueológicas indican que hacia el 12,000 a.C. la actividad de la caza ayudaba a complementar la dieta básica de los recolectores, consistente en frutos, semillas y vegetales, silvestres; además de que proveía de pieles para la confección de vestimentas, y, quizá, de habitaciones rudimentarias.

A través de la caza, los antiguos pobladores obtenían con cierta regularidad animales de talla pequeña: lagartijas, iguanas, culebras, etcétera, así como aves diversas, que se localizaban en las regiones lacustres de nuestro país. Al mismo tiempo, recolectaban huevos tanto de aves como de hormigas y otros animales.

Tenemos conocimiento de que durante el período Cenolítico mejoró la técnica de trabajo en piedra, la que pulían y bruñían dándole un mejor acabado; para tal propósito utilizaban huesos, los cuales aprovechaban también para elaborar otros artefactos, inclusive artísticos como es el caso del llamado Sacro de Tequixquiac. Este hueso de llama fósil, bellamente trabajado y que se ha fechado en 12,000 a.C., constituye la única muestra de arte mobiliar prehistórico en nuestro país.

Sitios correspondientes a estos períodos serían, por citar sólo algunos: Santa Isabel Iztapan, Estado de México; Cuevas El Riego, Texcal y Coxcatlán, en el estado de Puebla; Cueva del Diablo, en Tamaulipas, y el Cedral, San Luis Potosí.

El último período de la prehistoria en nuestro país, el Protoneolítico, es una etapa de transición durante la que no se abandona la recolección, la caza y la pesca, pero a partir de las plantas que se empezaron a cultivar hacia el 3,000 a.C., surgieron pequeñas aldeas con casas semisubterráneas. Los grupos son aún semisedentarios, condicionados a la cosecha de lo sembrado, pero pronto empezarían a hacer sencillos recipientes de barro, con lo que surge la alfarería alrededor de 2,300 a.C. Empieza a pulirse la piedra y se domestica el perro. A consecuencia del incremento en el cultivo de vegetales, aumenta el número de éstos y se acelera el sedentarismo; así, sobrevienen las primeras sociedades agrícolas que, entre el 2,300 y el 2,000 a.C., conformarían la enorme área cultural que llamamos Mesoamérica,

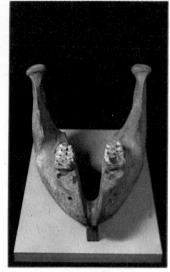

Izquierda. Sacro de un camélido
fósil con apariencia de una cabeza
de cánido. Hueso de
Tequixquiac, Estado de México.

Derecha.
Mandíbula de mastodonte,
hueso fósil.

iniciándose el período denominado Preclásico o Formativo;
principio de nuestra historia antigua o prehispánica.

LOS GRUPOS SEDENTARIOS DE LA COSTA

Durante el Cenolítico el hombre empezó a explorar los
recursos marinos, sobre todo en la costa del Pacífico, prueba
de ello son los amontonamientos de conchas marinas deno-
minados "concheros". Al explorar éstos se hallaron restos
de animales, residuos de hogares y artefactos de piedra.
En San Blas, Nayarit, tenemos el conchero más antiguo del
área, con una ocupación que oscila entre 3,000 y 1,000
a.C. Los complejos culturales más antiguos estudiados en
esta región se conocen con los nombres de "Matachen' y
"San Blas", cubriendo un período que se extiende del III
milenio al siglo V antes de Cristo. El complejo San Blas se
caracteriza por la presencia de una cerámica monocroma
de buena manufactura. Las habitaciones de estos grupos
parecen haber quedado localizadas en las riberas de los es-
tuarios.

DOMESTICACION DE VEGETALES

Las primeras plantas a las que el hombre prestó atención
fueron el mezquite, los nopales y el maguey; para obtener
azúcar de todas ellas la evidencia es tan remota que fecharla
resulta problemático. Hacia el 7,000 a.C., se empezó a cultivar, por vez primera, especies vegetales: diversas clases
de calabazas, aguacates, zapote, chiles, frijol, algodón y más
tardíamente, el maíz. Ello permitió, además de mejorar la

41

Objetos líticos varios.

alimentación, una mayor independencia respecto al medio. Lo anterior representaba un enorme avance cultural que situaría al hombre como productor de alimentos. A medida que se mejoraban los productos agrícolas, surgían otros nuevos. Como consecuencia, los grupos se encaminaron hacia una vida plenamente sedentaria, con todos los avances culturales que le son propios.

Los lugares donde más tempranamente ocurrió tal acontecimiento en nuestro país fueron: cuevas y sitios de Chihuahua, Durango, Coahuila e Hidalgo; San Blas y Matachen en Nayarit; suroeste y cuevas de la Sierra de Tamaulipas; en la cuenca de México (Zoaphilco), Yanhuitlán en Oaxaca; cueva de Santa Martha en Chiapas y Tehuacán en Puebla.

EL INICIO DE LA CERAMICA

Las primeras alfarerías surgieron al iniciarse el sedentarismo, en un principio modeladas a mano, de formas globulares y hechas con barro mal cocido, las más antiguas muestras de vasijas con decoraciones muy sencillas, están fechadas en 1,500 a.C., se descubrieron en Tehuacán, Puebla y corresponden a la fase cultural denominada "Ajalpan". Por esta fecha están también alfarerías en Colima, El Opeño en Michoacán, Chiapa de Corzo y Tierras Largas, ésta última en el estado de Oaxaca; en los estados de Guerrero y Chiapas se encontraron tres complejos cerámicos más: el llamado "Pox", en Puerto Marquez, Acapulco, fechado en 2,300 a.C.; "Barra" y "Ocoz", en la costa chiapaneca, relacionados con Centro y Sudamérica, fechados alrededor de 2,000 a.C. Las fases Flacco y Almagre de Tamaulipas y Zoaphilco en el centro de México, presentaron también fechamiento similar. De todas estas "vajillas" sólo quedaron tiestos que han permitido reconstruir su uso, analizando las técnicas para elaborarlas.

Los inicios de la civilización a partir del sedentarismo y la producción de alimentos, desataron una evolución cultural que acarreó consigo avances significativos y nuevos inventos, como el comercio, la religión y el calendario entre otros.

En nuestro país se dió este importante hecho al interior de sencillas aldeas ubicadas cerca de ríos, manantiales y lagos, que permitían mantener la cosecha y al hombre mismo. En un principio las primeras habitaciones fueron casas semisubterráneas construídas a base de materiales perecederos, lo que ha dificultado su conservación. Sin embargo, en Chilac, estado de Puebla, se exploró una aldea de este tipo del año 3,000 a.C.

De la *cerámica* de esta época sólo quedan tiestos que han permitido reconstruir su uso.

SALA 4. PRECLASICO

(objetos y áreas de mayor interés)

ORIGENES DE LA CULTURA MESOAMERICANA

Desde sus orígenes, los diferentes pueblos que habitaron el México prehispánico compartieron una tradición cultural común, que fue logrando diversos avances a través del tiempo.

Cuando los grupos de cazadores-recolectores se establecieron en un solo lugar, transformándose en sedentarios, se consolidó un largo proceso de adelantos tecnológicos, económicos y sociales. Este cambio marcó el inicio del período Preclásico o Formativo, caracterizado principalmente por la agricultura y la alfarería; de esta manera quedaron sentadas las bases de lo que posteriormente sería Mesoamérica.

Tal etapa se ha dividido en tres fases: Preclásico Inferior (1800-1300 a. C.); Preclásico Medio (1300-800 a.C.) y Preclásico Superior (800 a.C-1000 d.C); cada una de ellas presenta características que la definen y diferencian de las otras.

ECONOMIA

La economía de estos pueblos fue autosuficiente, basada principalmente en el cultivo de maíz, frijol, amaranto (actualmente de gran consumo como dulce llamado "alegría"), etcétera, y complementada con la caza, la pesca y la recolección.

AGRICULTURA

Inicialmente los sistemas agrícolas debieron ser muy simples; se cultivaban las tierras bajas, inundadas periódicamente por las aguas de ríos o lagos, y se aprovechaban también las lluvias estacionales. En la siembra se usó el bastón plantador o coa, hachas de piedra y, tal vez, azadas de madera.

LOS PRIMEROS CENTROS

Al final de esta etapa se construyeron los primeros centros ceremoniales, muestras del progreso y la complejidad de su organización social y económica.

Es posible que durante esta época hayan surgido la división del trabajo y las clases sociales; estas últimas quizá agrupadas según las actividades que realizaban, por ejemplo, agricultores, cazadores, alfareros, lapidarios, tejedores de cestas y curtidores.

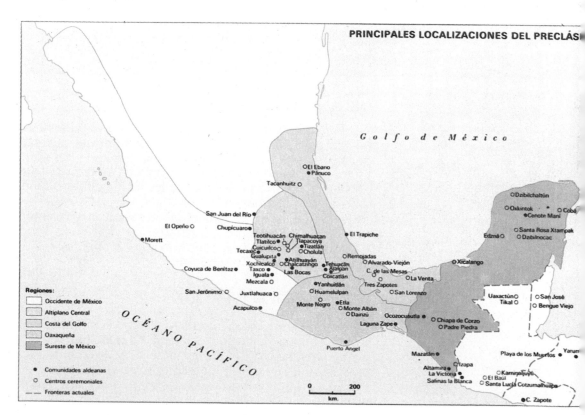

Vasijas con decoración geométrica incisa. Procede de Tlatilco, Estado de México. Preclásico Superior.

ORGANIZACION SOCIAL

La organización social estuvo basada en el parentesco. Poco a poco, determinadas personas de prestigio dentro de la comunidad empezaron a tomar el mando del grupo y a conducir las prácticas mágico-religiosas del entonces sencillo culto. A estos personajes se les ha identificado como sacerdotes o chamanes.

La época Preclásica significó la formación de los elementos que posteriormente cristalizaron en la llamada época Clásica-mesoamericana, cuyo máximo exponente en el Altiplano Central fue Teotihuacán.

EL PRECLASICO INFERIOR

Durante el Preclásico Inferior se elaboró cerámica monocroma, es decir, de un solo color: negra, café, roja o blanca, y en gran variedad de formas: botellones, platos, cajetes, ollas, para uso diario o bien como ofrenda mortuoria.

La decoración consistió en diseños geométricos hechos mediante incisiones finas. También se modelaron figurillas femeninas con barro que, al parecer, se relacionaban con la fertilidad de la tierra.

Las tradiciones cerámicas continuaron su desarrollo y llegaron a producirse, durante el Preclásico Medio, vasijas decoradas combinando los colores, por ejemplo rojo con café, sin dejar de manufacturarse las monocromas. El fondo de algunas de estas últimas se decoró con figuras diversas, estrellas o elementos naturales como animales, frutos y plantas.

EL PRECLASICO MEDIO

Hacia el 1200 a. C. aproximadamente, el grupo olmeca proveniente de la costa del Golfo de México dejó sentir sus costumbres e ideas en un amplio territorio del México antiguo.

Esa presencia se manifestó en la cerámica que fue modelada en el Altiplano Central, caracterizada por sus paredes gruesas y bases planas. Predominó de un solo color, el negro, o combinaciones del blanco con partes ahumadas.

La decoración se relacionó con el jaguar, cuyos diseños se excavaron y se frotaron con polvo rojo.

Máscaras de barro, usadas por los sacerdotes. Proceden de Tlatilco, Estado de México. Preclásico Medio.

Izquierda.
Representación en barro del *Dios del Fuego*. Preclásico Superior.
Procede de Cuicuilco,
Distrito Federal.

Derecha.
Vasija de barro bicroma,
representa una cabeza humana.

Los olmecas enriquecieron las ideas locales en todos sus aspectos. En la cerámica se plasmaron gran variedad de figuras antropomorfas, fitomorfas y zoomorfas, o bien combinadas; aparecieron los cajetes en forma de riñón y los platos con vertedera.

Las figurillas locales se mezclaron con los tipos olmecas resultando, entre otras, figuras con piernas bulbosas, cabezas rapadas, caras regordetas, etcétera.

El arreglo físico tuvo mucha importancia entre los grupos aldeanos; esto se refleja en las figurillas que muestran pintura facial y corporal de colores blanco, rojo y amarillo; en algunas ocasiones se utilizaron diseños geométricos.

Para complementar este arreglo no se recurrió a adornos como orejeras, collares, bezotes, pulseras, ajorcas o pectorales. Los peinados fueron muy elaborados, a manera de turbantes. En algunas figuras se observan diversas prendas: faldillas, chalecos, sacos, pantalones, sombreros, etcétera.

Con el tiempo, las ideas religiosas fueron tornándose más complejas. En el Preclásico Medio surgieron representaciones de sacerdotes en barro. Dichos personajes se presentan ataviados con diversas y complicadas prendas, desde faldi-

Copa polícroma, fue parte de una
ofrenda mortuoria. Procede
de Tlapacoya Estado de México.
Preclásico Superior.

llas, pieles de animales, tocados y gorros, hasta máscaras. Estas ocuparon un sitio importante, ya que las nacientes deidades eran personificadas y transmitían sus deseos a través de ellas.

Los aldeanos de la Cuenca de México disfrutaron de un medio natural rico, tanto en flora como en fauna. Abundaban los bosques de pinos, encinos y ailes; ahuejotes en las partes bajas, y en las orillas del lago, tules. En este ambiente proliferaron animales que sirvieron para la alimentación, tales como el venado, el armadillo, la zarihueya y el tlacuache; aves migratorias de gran variedad, y ranas, sapos, pescado blanco...

Algunos animales fueron representados mediante figuras de barro que nos han permitido conocer el ambiente donde vivieron estos pueblos.

PRECLASICO SUPERIOR

Durante el Preclásico Superior llegó al Altiplano Central una corriente de ideas proveniente de Chupícuaro, Guanajuato, en el occidente de México.

Algunas de esas influencias culturales se asimilaron y plasmaron en la cerámica, por ejemplo en los soportes lobulados, cónicos, muy altos, mamiformes, con rebordes cerca de la base; en los cuerpos acanalados y la decoración al fresco; en la técnica del negativo.

Una de las técnicas utilizada para decorar vasijas en el occidente de México consistió en modelar algunas partes de la figura humana y completarla con pinturas. Esta técnica se usó en varios ejemplares de la época tardía del Preclásico Superior. Al mismo tiempo, se empezaron a aplicar como soportes pequeñas pastillas cónicas llamadas "botones"; estos elementos alcanzaron su apogeo durante el Clásico en Teotihuacán.

Las técnicas de manufactura procedentes del occidente de México, fueron bien recibidas en el Altiplano Central y aplicadas en forma local. De ellas sólo se imitaron las formas, pues la policromía se usó únicamente en la pintura al fresco. El acabado de las vasijas se logró usando el rojo sobre el bayo, como lo muestra la cerámica del sitio de Ticomán.

Una de las representaciones más tempranas del dios viejo del fuego es la descubierta en Cuicuilco, Distrito Federal. Probablemente en este lugar se haya iniciado el culto al fuego.

Cuicuilco se cuenta entre los primeros centros donde se construyeron basamentos para templos, así como Tlapacoya, el Cerro del Tepalcate y Teotihuacán. Entre ellos, Cuicuilco destaca por su tamaño y la extensión que ocupó. Este naciente centro ceremonial vio interrumpido su desarrollo por la erupción de lava que formó el actual Pedregal de San Angel.

Diversas formas y decorados procedentes del occidente de México, fueron adoptados en la Cuenca de México. Esta pieza, encontrada en la tumba número 3 de Tlapacoya, muestra tal influencia. Vasijas de este tipo, finamente terminadas, sirvieron de ofrendas a personajes importantes, bien fueran sacerdotes o gobernantes.

Tlapacoya constituye uno de los primeros basamentos para templos construidos en la Cuenca de México.

SALA 5. TEOTIHUACAN

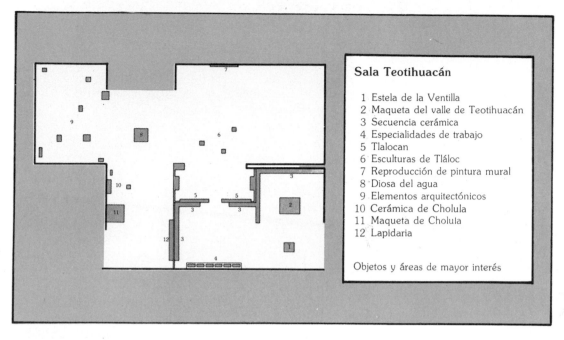

Sala Teotihuacán

1 Estela de la Ventilla
2 Maqueta del valle de Teotihuacán
3 Secuencia cerámica
4 Especialidades de trabajo
5 Tlalocan
6 Esculturas de Tláloc
7 Reproducción de pintura mural
8 Diosa del agua
9 Elementos arquitectónicos
10 Cerámica de Cholula
11 Maqueta de Cholula
12 Lapidaria

Objetos y áreas de mayor interés

TEOTIHUACAN, CIUDAD DE LOS DIOSES

Después de un largo proceso de desarrollo, los antiguos habitantes de la Cuenca de México transformaron su sistema de vida. Este nuevo período histórico, conocido como Urbano o Clásico, abarca del año 100 a.C. al 800 d.C. y se caracteriza por el surgimiento del gran centro urbano de Teotihuacán, con una extensión aproximada de 22 kilómetros cuadrados y una numerosa población.

El ámbito geográfico de este centro comprendía en un principio la Cuenca de México, aunque más tarde incluyó el valle poblano-tlaxcalteca, así como el de Morelos. El dominio de estas áreas permitió a los teotihuacanos establecer contactos con las costas del Golfo de México, del océano Pacífico y aun con partes tan sureñas como Guatemala y El Salvador.

La economía se basaba fundamentalmente en la agricultura y en la centralización de los poderes económico-político y religioso. El poderío y la fuerza que logró Teotihuacán es difícil de entender sin considerar la existencia de una marcada división social del trabajo. Efectivamente, las grandes construcciones, la abundancia de materiales y la distribución amplia de objetos cerámicos teotihuacanos en todo el territorio mesoamericano, son algunos de los elementos que indican la existencia de instituciones bien establecidas, como la producción artesanal, la ingeniería, el comercio organiza-

Esta reproducción del *Tlalocan*
nos muestra al maíz y al frijol
como elementos muy importantes
en la vida prehispánica.

do, un culto conformado, etcétera. Todas estas características que llegó a concentrar Teotihuacán lo convirtieron en
un centro de atractivo secular y sagrado reconocido por las
comunidades que tuvieron conocimientos de este centro.

En la actualidad subsiste gran cantidad de manifestaciones materiales de esta sociedad, desde restos óseos de individuos e instrumentos de la vida cotidiana hasta las representaciones gráficas del pensamiento religioso e ideales
estéticos. En las siguientes páginas se presentan algunos de
los materiales que han reunido los interesados en la historia
prehispánica y que ahora se encuentran depositados en el
Museo Nacional de Antropología.

ARQUITECTURA TEOTIHUACANA

En Teotihuacán se consolidó lo que hoy se conoce como
revolución urbana. Esta nueva forma de vida implicó problemas que encontraron solución por medio de cambios en

las relaciones sociales. Así, uno de los rasgos típicos del Horizonte Clásico es el desarrollo de una economía concentrada en un gran centro urbano, caracterizado sobre todo por la planeación de sus construcciones a través de ejes y cuadrantes; por la organización de los servicios públicos, mercados, sanidad y la zonificación de acuerdo con áreas de trabajo específicas. Tales elementos de urbanismo, entre otros, se presentaron en Teotihuacán y son los que permiten llamarla ciudad.

En Teotihuacán se ha logrado distinguir unidades civiles y religiosas. Entre las primeras pueden mencionarse los talleres de trabajo y centros habitacionales. Entre los segun-

Izquierda. La agricultura era complementada con la caza y se usaban puntas de flecha como ésta. Procede del Estado de México.

Derecha. Marcador de juego de pelota conocida como Estela de la Ventilla.

dos, templos y altares dedicados a diferentes deidades. Ambos tipos de construcción fueron elaborados con piedra y barro, fundamentalmente, aunque quizá la utilización de madera también haya sido frecuente.

Los edificios, tanto civiles como religiosos, estaban terminados con un aplanado de cal. Sobre este aplanado los teotihuacanos pintaron diferentes ideas, sobre todo de tipo religioso. La mayoría de los colores que se usaron eran de origen mineral y vegetal; entre ellos sobresalen el rojo, amarillo, verde, blanco y negro.

La construcción debió ser una de las especialidades que existieron en Teotihuacán. La monumentalidad de sus edificios, así como el descubrimiento de algunos utensilios, nos hablan de la especialización del trabajo. Es muy probable que la inversión de hombre-tiempo en la construcción fuera muy alta.

LAPIDARIA

Teotihuacán alcanzó un alto grado de desarrollo, a pesar de que en toda Mesoamérica las herramientas de trabajo —tanto artesanal como agrícola— fueron de piedra o de

Olla con la representación de *Tláloc*. Procede de Teotihuacán.

madera. Este hecho hace resaltar la organización social que,
se deduce, existió en Teotihuacán.

Los instrumentos con que trabajaban otros materiales,
como la concha, el hueso y las piedras semipreciosas, considerados elementos de lujo, permiten apreciar las diferentes
etapas de los procesos de trabajo. Debido a que las herramientas utilizadas eran de piedra, los trabajadores de este
material seguramente integraron un *status* especial. Entre
la diversidad de rocas que se aprovecharon se cuenta la obsidiana, un vidrio volcánico, cuyas características permiten obtener instrumentos punzocortantes de lo más variado y eficaz. Entre las evidencias de que disponen los arqueólogos
para demostrar la importancia de este grupo de trabajadores, se encuentra la localización de talleres de instrumentos
de obsidiana. Cabe aquí señalar que uno de ellos se ubica
cerca de la plaza de la Luna, lo cual indica la importancia
social de estos talleres, seguramente controlados por los estamentos más altos de la sociedad.

La diversidad de rocas también sirvió a los teotihuacanos para manifestar sus ideas respecto al arte y la religión; por ejemplo, lograron plasmar algunas de las características físicas de la población y expresar los diferentes rasgos faciales que tenían los antiguos habitantes de la ciudad. También con piedra elaboraron objetos suntuarios y adornos personales.

ALFARERIA E INDUMENTARIA

Las características de los individuos y de la población también se expresaron en los objetos de barro. Así, en Teotihuacán se han desenterrado un sinnúmero de figurillas, en las cuales los artesanos plasmaron elementos que permiten conocer el tipo de vestimenta que portaban los antiguos pobladores. De esta manera sabemos que las mujeres usaban faldellín y *quechquémitl*, costumbre que ha perdurado hasta nuestros días; que los hombres utilizaban, entre otras prendas, bragueros y tocados. También resulta posible inferir el uso de ciertos adornos o vestimentas especiales en determinadas épocas o festividades.

La mayoría de los recipientes confeccionados por los teotihuacanos fueron de barro. Para este fin aprovechaban principalmente la arcilla que obtenían del propio valle de Teotihuacán, aunque para ciertos tipos de cerámica, como la "anaranjada delgada", explotaban bancos localizados fuera del Valle de México. Las formas que adoptaban los recipientes fue muy variada: se conocen desde ollas y cajetes hasta vasijas de formas más específicas, como los llamados "patojos".

Para decorar sus vasijas los teotihuacanos aplicaron numerosas técnicas, desde el alisado y pulido hasta la aplicación de estuco y pinturas de lo más variado. Entre las técnicas más usadas pueden señalarse la aplicación y el pastillaje: a las ollas, por ejemplo, se les aplicaban una serie de filetes del mismo barro, con lo que obtenían imágenes del dios Tláloc.

RELIGION

La religión jugó un papel muy importante en Teotihuacán. En ella se plasmaron los diferentes elementos tanto de la vida cotidiana como de la magia, aunque de manera predominante estuvo determinada por la actividad fundamental de los teotihuacanos, la agricultura. En efecto, entre los restos dejados por los antiguos habitantes de Teotihuacán se descubren con mucha frecuencia representaciones del dios de la lluvia, Tláloc. Las representaciones fundamentales de esta deidad fueron elaboradas con diferentes materia-

les; se conserva, por ejemplo, una gran lápida en donde se plasmó estilísticamente al dios.

Son pocos los datos disponibles acerca de los rituales que se practicaban en Teotihuacán. Uno de los que se conocen es el del juego de pelota. A pesar de que en Teotihuacán no se han encontrado restos arquitectónicos de estructuras destinadas a esta actividad, por otras evidencias se sabe que en la Ciudad de los Dioses se practicaba este ritual; una prueba de lo anterior es el marcador conocido como Estela de la Ventilla.

La deidad más antigua que se ha reconocido en el Valle de México, y que se localiza con frecuencia en Teotihuacán es el dios viejo del fuego; las evidencias de su culto provienen desde el Preclásico.

La gran urbe de Teotihuacán quedó desocupada alrededor del 600 d.C.; sin embargo, muchos de sus elementos sociales y culturales perduraron a través de la rica tradición mesoamericana.

Entre las deidades más importantes de Teotihuacán se encuentra *Huehuetéotl*, el dios viejo del fuego.

SALA 6. TOLTECA

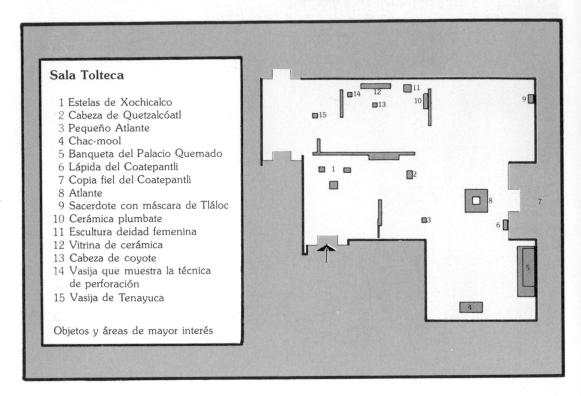

Sala Tolteca

1 Estelas de Xochicalco
2 Cabeza de Quetzalcóatl
3 Pequeño Atlante
4 Chac-mool
5 Banqueta del Palacio Quemado
6 Lápida del Coatepantli
7 Copia fiel del Coatepantli
8 Atlante
9 Sacerdote con máscara de Tláloc
10 Cerámica plumbate
11 Escultura deidad femenina
12 Vitrina de cerámica
13 Cabeza de coyote
14 Vasija que muestra la técnica
   de perforación
15 Vasija de Tenayuca

Objetos y áreas de mayor interés

ORIGENES TOLTECAS

Cuando la civilización teotihuacana estaba en la etapa final de su decadencia, irrumpieron en el Altiplano Central nuevos grupos provenientes del norte. Con el paso del tiempo llegarían a convertirse en los toltecas que citan las fuentes históricas, estableciendo su capital en Tula, estado de Hidalgo y desarrollando así su propia cultura.

En consecuencia, adquirieron importancia algunos centros ya existentes, tales como Xochicalco, Cholula y Cacaxtla; al mismo tiempo surgirían nuevos centros como Teotenango y la mencionada Tula, inclinados más al militarismo que caracterizó al período Postclásico Temprano (850 a 1250 d.C.).

Xochicalco que significa "lugar de la casa de las flores", se ubica en el estado de Morelos, al suroeste de Cuernavaca. De esta región parece venir la familia del personaje más ilustre del México antiguo: Ce Acatl Topiltzin, conocido generalmente como Quetzalcóatl.

En la parte más alta de la ciudad se localiza la pirámide de la serpiente emplumada, cubierta con bajorrelieves que combinan muchos elementos del Altiplano de México así como

Escultura *Atlante* hecha en piedra
basáltica. Representa a un
guerrero. Procede de Tula,
Hidalgo.

también del área maya y de otras regiones. Estos contienen
una serie de jeroglíficos, cuya interpretación es todavía con-
trovertida, aunque parece indicar un ajuste calendárico. Hay
también un juego de pelota con anillos, muy semejante al
de Tula. Entre los hallazgos más relevantes, se destacan las
tres estelas de Xochicalco, las cuales indican sucesos y cambios muy importantes en esa área cultural.

Durante el apogeo de Teotihuacán, la ciudad de Cholula,
Puebla fue una capital contemporánea a dicha urbe. El Valle
de Puebla, junto con el de México, formaba parte del estado
teotihuacano. Después de la caída de ese centro, se inició
en Cholula una nueva etapa en la que predominaría fundamentalmente una cultura propia.

Réplica de una parte del *muro del Coatepantli* que se encuentra en Tula, Hidalgo. Muestra a una serpiente devorando a un ser semidescarnado.

TULA

No hay duda de que los toltecas revolucionaron muchas de las normas arquitectónicas que estaban en boga por ese entonces en Mesoamérica. Una de ellas, quizá la más importante fue el concepto de "espacio abierto".

Una de las dos pirámides mayores, excavadas al nivel de la plaza central, estaba despojada totalmente de su revestimiento con excepción de una sola losa en la base de la alfarda, la cual indica que el monumento estuvo dedicado al planeta Venus. La otra pirámide, conocida como Edificio "B" o "Templo de Tlahuizcalpantecutli", es rectangular y consta de cinco cuerpos escalonados que antiguamente estuvieron recubiertos en la parte superior de tableros decorados por una procesión de jaguares y coyotes, y la parte media, por águilas y zopilotes devorando corazones intercalados con un ser mítico que emerge de las fauces de una serpiente emplumada; ahí se localizan los llamados "Atlantes".

Los toltecas con su fuerte personalidad erigieron en Tula magníficos monumentos y esculturas de primer orden, tales como las grandes columnas en forma de serpientes con la cabeza apoyada en el suelo y la cola hacia arriba, que sirvieron para sostener la viga del dintel de la entrada al templo. Destacan además, los enormes atlantes o cariátides, de 4.60 metros de alto, formados por cuatro grandes piedras ensambladas por espigas, los bajorrelieves que adornaban los tableros de sus pirámides y sus famosas representaciones del Chac-mool.

CULTO A QUETZALCOATL

Para apoyar y reforzar su mitología, los hombres de esta época atribuían su creación al dios Quetzalcóatl. El culto a esta deidad constituyó el más importante del Postclásico Temprano. Creían y difundían la leyenda en la cual Quetzalcóatl desciende al inframundo con el propósito de crear a la humanidad y rescatar los huesos preciosos; pero Mictlantecutli, dios de la muerte, se opone dándole a Quetzalcóatl varias misiones difíciles de cumplir. Por fin, Quetzalcóatl sale victorioso de su lucha contra Mictlantecutli, ayudado por Xólotl su gemelo. Quetzalcóatl hace penitencia, sangrando su miembro sobre las cenizas de los huesos preciosos, creando así la vida en el Quinto Sol. Por ello el hombre es llamado "macehualli" que significa "El merecido por el sacrificio de los dioses". Atribuída a Quetzalcóatl la creación del hombre de nuestra era, podemos comprender la trascendencia de este dios dentro de la religión y la cultura.

La religión de estas sociedades militaristas siguió siendo politeísta y a las deidades heredadas de Teotihuacán como Huehuetéotl, se añaden otras como es el caso de Quetzalcóatl, "serpiente emplumada", cuyo culto se extiende a todo el Altiplano e incluso pasa sus fronteras; lo vemos en Xochicalco, Cholula y Tula, donde su culto por excelencia ocurrió durante el reinado de Topiltzin.

EL CAMBIO DEL PODER

Durante la decadencia de los grandes centros teocráticos mesoamericanos se observa ya un espíritu guerrero, tanto

Escultura que representa a *Quetzalcóatl hombre*. Procede de la ciudad de México, Distrito Federal.

Sahumador que tiene la forma de un cráneo humano y un hueso en función del mango. Procede de Tula, Hidalgo.

en la pintura mural de Cacaxtla, como en los relieves de Xochicalco y en las cariátides o atlantes de Tula. Quetzalcóatl vuelve a adquirir importancia a la caída de Teotihuacán, ya que se le asociaba más con el poder militar que con la nigromancia, el conocimiento, y el tributo. Son cambios del centro de poder, pero también políticos y sociales, expresados en formas de control económico y social establecidas por diferentes grupos, etnias o linajes.

Existió la creencia de una vida *post mortem* y también hubo culto a los muertos; en relación con este culto, es común encontrar entierros asociados a templos y altares; con base en los enterramientos se puede hablar de la existencia de sacrificios humanos. Entre sus costumbres citaremos la deformación craneana de tipo tabular erecta y la mutilación dentaria por limadura.

La noción de dualidad, tan importante en aquella época, está implícita en el culto a la estrella de la mañana, o sea a Tlahuizcalpantecutli, "señor del alba o de la aurora"; sin embargo este mismo astro es también la "estrella de la tarde" llamada Xólotl: en ambos casos se trata de Venus o Quetzalcóatl, la deidad dual que se le conoce como Naxitl, el cuatro pies. A Xólotl, el perro, también se le llama el "rayo o fuego celeste", gemelo precioso, asociado al sacrificio de Quetzalcóatl para crear el Quinto Sol y formar una nueva humanidad; descubridor del maíz e inventor del calendario, al mismo tiempo se identifica a Quetzalcóatl como deidad del tiempo cíclico, de la lluvia, y señor del tiempo.

ECONOMIA

Una de las fuentes más ricas de abastecimiento de que disponían los toltecas, consistía en el sojuzgamiento de otros pueblos por medio de su organización política. Esta les permitió apropiarse de la fuerza de trabajo tributario de otras regiones, así como del tributo de productos que complementarían su economía para desarrollarla con éxito. Los habitantes de la antigua ciudad de Tula necesitaron intensificar los sistemas de cultivo para obtener maíz y frijol como productos básicos, lo que lograron empleando técnicas de riego. Para abastecerse de productos ajenos a la región, como el algodón, frutas tropicales, piedra verde, concha, plumas, etcétera, recurrieron al comercio con otras zonas de Mesoamérica. Así pudieron intercambiar estos productos en el mercado local, el cual se realizaba cada veinte días, o sea cada mes en los términos del año mesoamericano.

Vasija plumbate con asa en forma de guajolote. Procede de Acayuca, Hidalgo.

Maqueta del *templo principal de Tenayuca*. La innovación de dos templos principales, uno para cada deidad, fue adoptada por los aztecas.

LOS CHICHIMECAS DE XOLOTL

Según cuentan las crónicas, la ciudad de Tula fue abandonada por sus dirigentes en el año 1165 d.C.; abandono que persistió hasta el siglo XV, cuando fue reocupada por un grupo chichimeca contemporáneo a los mexicas de Tenochtitlán, quienes menospreciando el esplendor de los edificios del centro ceremonial los destruyeron y construyeron sus casas habitación sobre sus ruinas. Por ello se han encontrado, encima del juego de pelota II de Tula, restos de estas habitaciones, además de braseros y vasijas miniatura de típica manufactura mexica.

La orientación y dimensión del juego de pelota situado al oeste de la gran plaza de Tula, son similares a las del que se descubrió en Chichén Itzá. A este juego de pelota de la época de ocupación mexica corresponden diversas ofrendas, entre las que se encuentran un brasero policromado, sahumadores, figurillas de dioses y músicos; gracias a ellas, junto con las excavaciones y las fuentes históricas, se comprobó la ocupación de este centro por un grupo diferente al tolteca.

Este grupo chichimeca tenía como su caudillo a Xólotl, quien después de guiar sus huestes hacia Tula y hacerlas quemar los edificios, las condujo a la parte oriental del Valle de México. En Tenayuca establecieron su señorío, desde donde dominaron los lugares vecinos durante la primera mitad del siglo XIII d.C; fue precisamente aquí donde desarrollaron las formas culturales que más tarde predominaron entre los mexicas.

Tenayuca significa en náhuatl "lugar amurallado", aquí se edificó, por vez primera, un basamento con doble templo para rendir culto simultáneamente a dos deidades. Esta idea la adoptaron después los mexicas para construir su Templo Mayor en Tenochtitlán.

El edificio está rodeado por un muro de serpientes, la mitad de ellas pintadas en azul y el resto en negro, colores relacionados con los rumbos del universo.

Viendo el esplendor surgido por el esfuerzo de su pueblo, Quetzalcóatl, Ce Acatl Topiltzin, decía: "Seréis los toltecas, los constructores, los artífices. Nuestra fama se extenderá por toda la Tierra, y pronto todo el Anáhuac vendrá a admirar y a aprender".

Figurilla plumbate que nos muestra a un guerrero que tiene como decoración incrustaciones de concha. Procede de Tula, Hidalgo.

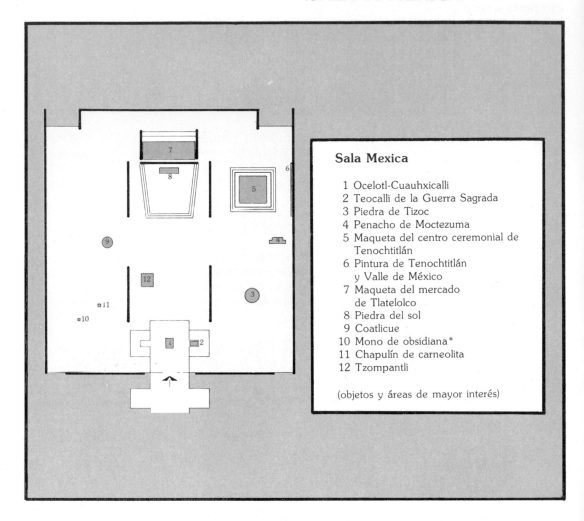

Sala Mexica

1 Ocelotl-Cuauhxicalli
2 Teocalli de la Guerra Sagrada
3 Piedra de Tizoc
4 Penacho de Moctezuma
5 Maqueta del centro ceremonial de Tenochtitlán
6 Pintura de Tenochtitlán y Valle de México
7 Maqueta del mercado de Tlatelolco
8 Piedra del sol
9 Coatlicue
10 Mono de obsidiana*
11 Chapulín de carneolita
12 Tzompantli

(objetos y áreas de mayor interés)

Hacia el siglo XIII d.C., los mexicas se establecieron en una región de gran belleza, de clima templado, rodeada de montañas cubiertas en toda época por bosques, con un perímetro de 8 mil kilómetros cuadrados: la zona lacustre central del Valle de México.

Este grupo no era autóctono del centro de México. Procedía de alguna región periférica de Mesoamérica, llamada Aztlán, lugar de la blancura. Según algunos investigadores este sitio se ubica en la región lacustre Yuriria-Cuitzeo en el Bajío.

El poderío económico y político alcanzado por este pueblo sorprendió a los europeos. En el momento de la llegada de Cortés y sus huestes, los mexicas habían impuesto su dominio militar sobre otras naciones indígenas formando un Estado tributario floreciente que los españoles llamaron "Imperio azteca".

En Mesoamérica, especialmente en la región central, ocurrió una evolución cultural que puede seguirse mediante los estudios arqueológicos y etnohistóricos. En esta evolución apreciamos cómo los antiguos pueblos mexicanos formaron primero comunidades aldeanas que perfeccionaron las técnicas de cultivo. Posteriormente, experimentaron formas de gobierno que surgieron a partir de los núcleos religiosos, y se constituyeron organizaciones sociales que sojuzgaron a las comunidades. Todo ello permitió el surgimiento de Estados como, en un principio el teotihuacano, y, finalmente el mexica. La actividad fundamental de estos Estados a partir de Tula es la guerra. Este proceso culminará con los mexicas, herederos de toda la tradición de Mesoamérica, quienes darán su peculiar configuración a la cultura indígena. A esta suma de pasado y especifidad propia la denominamos civilización azteca.

En la sala Mexica de este Museo Nacional de Antropología se muestran los aspectos más relevantes de la sociedad y de la cultura desarrollados por el pueblo azteca.

Mural del Altiplano Central Mexicano. Oleo del pintor Luis Covarrubias.

La *fundación de la ciudad de Tenochtitlán*. En el año 1325 d.C., un grupo de indígenas dirigidos por Tenoch descubre el símbolo predestinado, el águila sobre el nopal.

A la llegada de los aztecas, al gran lago prehispánico, éste se había dividido en una serie de lagos y lagunas de considerable extensión, entre los que destacan por su importancia: Texcoco, Chalco, Xaltocan, Xochimilco, Zumpango y San Cristóbal. El más amplio era el de Texcoco que tenía unos islotes en su porción occidental. En ellos, los mexicas construyeron su ciudad, Tenochtitlán. Con el tiempo se convirtió en una poderosa metrópoli que llegó a dominar un vasto estado tributario que comprendía desde la costa del Golfo a la del Pacífico y desde el Bajío hasta Oaxaca.

Los aztecas iniciaron su recorrido o peregrinación en el año *uno pedernal* 1116 d.C., estableciéndose temporalmente en los diversos sitios de la ruta. Finalmente se asentaron en Chapultepec, "el cerro del Chapulín". En este sitio levantaron construcciones defensivas y terrazas de cultivo.

Una vez establecidos en este lugar, entraron en conflicto con los otros pueblos que habitaban en el valle: principalmente tecpanecas, culhuas y xaltocamecas, quienes formaron una coalición que derrotó a los mexicas enviándolos como prisioneros de guerra a Culhuacán. Con los habitantes de este centro establecieron lazos familiares y culturales a través del matrimonio, de tal manera que con el tiempo, los recién llegados comenzaron a considerarse herederos de los toltecas, y supuestos fundadores de Culhuacán. Más tarde fueron expulsados por los culhuas internándose entre los pantanos y tulares del lago, donde encontraron la señal indicada para asentarse definitivamente: un águila sobre un nopal devorando una serpiente. Allí fundaron su capital: en 1325 d.C., México-Tenochtitlán.

El aspecto físico de este pueblo era en general el mismo que el de los demás grupos del altiplano: piel morena que variaba de matices, del muy claro al obscuro; pelo lacio y negro, abundante y con poca tendencia a la calvicie; escasa barba y bigotes y ausencia del vello; ojos obscuros y rasgados; frente alta y nariz ancha. Sabemos que su estatura promedio era de 1.60 metros en los hombres y 1.48 metros en las mujeres.

Los cálculos de población en esta sociedad han variado desde el siglo XVI a la fecha. Actualmente se considera que a la llegada de los españoles vivían dos millones de habitantes en el Valle de México y 250 mil en Tenochtitlán.

Su lengua era náhuatl, integrante de la familia lingüística yuto-azteca.

Tenochtitlán y Tlatelolco fueron dos ciudades-isla que, a la llegada de los europeos en 1519, ocupaban en conjunto una extensión de 13 kilómetros cuadrados; representaban el trabajo de varias generaciones de hombres que ampliaron y modificaron el terreno original, transformándolo en una urbe de extraordinaria belleza que maravilló a los conquistadores españoles.

Desde un principio, los dirigentes mexicas elaboraron el plano regulador de su ciudad-capital dividiendo el terreno en cuatro sectores que correspondían a los cuatro rumbos del universo, los que conocemos como los cuatro grandes barrios: Atzacoalco, Cueopopan, Zoquiapan y Moyotlan.

En estas cuatro divisiones originales acomodaron a los distintos *calpullis* que existían desde la peregrinación, formando los barrios menores. Esta designación por parte del grupo dirigente provocó el disgusto de un sector de la sociedad que prefirió colonizar un islote vecino y fundar la ciudad de Tlatelolco; posteriormente, ésta fue anexada por la fuerza a Tenochtitlán durante una guerra de conquista por Axayácatl, convirtiéndola en un quinto barrio de la capital azteca.

En el centro de la ciudad se situaron los edificios más importantes, sede y habitación del grupo dirigente. El recinto ceremonial tenía una planta cuadrangular que medía más de trescientos metros por lado, limitado por una muralla decorada con serpientes —Coatepantli— con tres entradas de donde arrancaban las calzadas de la ciudad. Destacaba por su magnitud la gran mole de la pirámide que servía de base al doble templo de Tláloc y Huitzilopochtli, con su doble escalinata flanqueada por gruesas alfardas. Además, estaban los edificios de los templos de los otros dioses: el sol; el viento, los dioses de la agricultura, etcétera.

Asimismo, existían otras construcciones, como la cancha del juego de pelota y el Tzompantli. Este edificio estaba cons-

Escultura de un mexica. Personaje de edad juvenil que viste el *máxtlatl*. Procede de la ciudad de México.

truido con hiladas de cráneos humanos, ensartados en pértigas de madera, macabros trofeos del sacrificio de prisioneros de guerra.

Fuera del recinto ceremonial se encontraban los palacios del *tlatoani* y de los demás nobles, y el espacio abierto destinado a las ceremonias públicas. El mercado de Tenochtitlán fue concentrado en Tlatelolco en la época del segundo Moctezuma y su área se dedicó a ceremonias religiosas, principalmente a la celebración del juego del volador. Los palacios y casas disminuían de tamaño y riqueza en construcción conforme se alejaban del centro. En las zonas marginales vivían artesanos y campesinos en terrenos que se ganaron al lago mediante chinampas, las que le dieron a la ciudad su peculiar característica.

Las islas se comunicaban con tierra firme mediante varias calzadas. Las de Tenochtitlán eran tres: la de Tlacopan, que era doble, y, por su centro corría el acueducto que conducía el agua potable desde Chapultepec; la de Iztapalapa, que se bifurcaba uniendo a la capital con los pueblos de Iztapalapa y Coyoacán; y la del Tepeyac. Junto con el albarradón —muro de piedra y madera que corría por el oriente y que sirvió para separar los lagos dulces del salobre— estas calza-

Coyote descarnado. El animal fue esculpido en forma muy realista. Procede de la ciudad de México.

das servían además como diques que regulaban el volumen de agua de los lagos.

Maqueta del recinto ceremonial de México-Tenochtitlán. Se observa el gran espacio cuadrangular donde los mexicas erigieron sus principales edificios sagrados.

ALIMENTACION

Los mexicas eran básicamente agricultores y complementaban su dieta con otras actividades como la pesca y la recolección. Las principales plantas cultivadas fueron las mismas de otras regiones de Mesoamérica: maíz, frijol, chile, calabaza, nopales, chía, maguey, etcétera. Del lago obtenían gran cantidad de animales que satisfacían sus necesidades proteínicas: ranas, ajolotes, acociles, peces, patos, garzas. Además contaban con guajolotes, venados y un tipo especial de perro, el *itzcuintli*, que criaban con fines alimenticios.

ECONOMIA

Ellos tuvieron una economía floreciente debido a varios factores: un control adecuado de la fuerza de trabajo de la población, un comercio intensivo, un sistema tributario que

71

reunía en la capital abundantes materias primas y productos necesarios a las clases dirigentes, y una explotación intensiva del medio.

El intercambio local de mercancías, efectuado en su mayoría por los mismos productores, tenía lugar en los mercados *tianquiztli*. En ellos se usaba generalmente el sistema de trueque, no obstante que existían objetos que tenían una función semejante a la moneda: las mantas finas, hachuelas de cobre y, en especial, los granos de cacao. El más famoso mercado de Mesoamérica a la llegada de los españoles era el que se realizaba en Tlatelolco

ESTRATIFICACION SOCIAL

El Estado establecía un riguroso escalafón militar mediante el cual el *macehual* que destacaba en la guerra podía alcanzar una situación de privilegio social semejante a la de los nobles. De esta manera los mexicas impulsaban a su pueblo a la expansión mediante las conquistas.

Maqueta del mercado de Tlatelolco. De una manera muy realista se muestra la actividad del mercado y los detalles de la vida cotidiana.

Caballero águila. Joven guerrero ataviado con un yelmo en forma de águila. Procede de Texcoco, Estado de México.

El grupo se estructuró desde sus orígenes en barrios o *calpullis* que fueron las células básicas del Estado mexica. La organización socioeconómica de estas unidades se basaba en ligas familiares. Eran autosuficientes, con una extensión territorial delimitada, de propiedad comunal, cultivada por sus miembros. Contaban además con sus propios gobernantes, vigilantes, sacerdotes y maestros; de hecho la sociedad se dividió en dos estamentos: los nobles —*pipiltin*— y los comunes —*macehualtin*—.

Una de las características de la civilización mexica fue la especialización artesanal, la cual permitía que ciertos grupos de la población se dedicaran de tiempo completo a la producción de artículos para el consumo de la clase dirigente y el comercio. La metalurgia se había desarrollado, principalmente en oro, plata y cobre, con técnicas como la de fundición a la cera perdida, el laminado, la filigrana, etcétera. Desgraciadamente, la mayoría de aquellos valiosos objetos fueron fundidos por los conquistadores; sin embargo, algunos de ellos lograron conservarse.

Piedra del Sol. Extraordinario monumento de la arqueología mexicana.

75

CERAMICA

La alfarería de los mexicas comprende variadas formas y decoraciones. entre las cuales tenemos: la color de naranja con motivos decorados en negro; la de color rojo con un pulimento extraordinario; así como una alfarería policromada que obtenían de la región poblano-tlaxcalteca. Sus formas características son: platos en dos niveles, molcajetes, copas, jarras, comales, ollas, etcétera.

La escultura en piedra fue el elemento artístico en el que los mexicas alcanzaron dimensiones y calidad extraordinarias. Ejemplo de ellas son la importante estatua de la Coatlicue, la Piedra del Sol o la delicada representación de la calabaza, elaborada en piedra verde, etcétera.

RELIGION

Este grupo, al igual que todos los pueblos mesoamericanos, creía que todo cuanto existía se hallaba integrado a un universo mágico-religioso; es decir, consideraba que todos los fenómenos de la vida eran producidos por fuerzas divinas.

Para la época de los mexicas, el fenómeno religioso era el resultado de una fusión de elementos de origen diverso, en el cual subsistían cultos de origen muy antiguo, como el del dios del fuego, y se habían integrado deidades tribales, principalmente Huitzilopochtli y Camaxtli.

Asimismo estaba integrado por varias corrientes filosóficas que explicaban el origen del mundo y de la vida. Se creía en un principio dual femenino-masculino, identificado

Página siguiente. Conjunto cerámico: cajetes, ollas, jarras y copas constituían el ajuar cerámico distintivo de los aztecas.

Nariguera.* Adorno femenino en oro laminado, con la representación de una mariposa estilizada. Procede de la ciudad de México.

76

Disco. De los pocos objetos de plumas que sobreviven de la época indígena, tenemos este disco con la imagen de las fauces del águila. Procede del estado de Hidalgo.

con los dioses Ometecuhtli y Omecihuatl, creadores de todo lo existente. Su imagen del universo era la de un espacio formado por los cuatro puntos cardinales y el centro. Pensaban además que el mundo y el hombre habían sido engendrados varias veces, de ahí el mito de los cinco soles cosmogónicos; ellos creían estar viviendo en el Quinto Sol, Ollin-Tonatiuh, "el sol de movimiento".

Los dioses principales asociados a la creación de la vida eran: Tezcatlipoca y Ehécatl-Quetzalcóatl, patrones de la obscuridad y del viento, respectivamente. El sol era Tonatiuh, la luna Meztli. La tierra era concebida como una mujer vieja, Coatlicue, madre de todos los dioses y de todos los hombres, o como Tlatecuhtli, un ser monstruoso, siempre dispuesto a devorar todo aquello que moría.

Los sacrificios humanos constituyeron uno de los rasgos característicos del ritual mexica. Estaban relacionados con las ideas de la sustentación del sol y de la vida, mediante la sangre y los corazones de las víctimas; también eran la prueba definitiva del poderío de este pueblo y los medios que él tenía para su expansión. En los sacrificios se abría el pecho a la víctima con un cuchillo de pedernal y se le extraía el corazón. A los prisioneros también se les quemaba o se les ahogaba. En ocasiones se comían la carne del sacrificio, no con un propósito alimenticio, sino más bien como

Página siguiente. Coatlicue. Imagen monumental de la diosa de la tierra. Procede de la ciudad de México.

78

un canibalismo ritual, una forma de comunión entre los hombres y la deidad, encarnada esta última en la víctima.

Huitzilopochtli fue su dios tribal y estaba relacionado con el joven sol, triunfante en la lucha diaria contra las estrellas y la luna. Su manutención y grandeza eran el pretexto de la expansión militarista.

A la cabeza de su organización política se encontraba el *tlatoani* —señor—, especie de monarca que gobernaba de por vida. Su cargo era electivo entre los descendientes de Acamapichtli, primer señor. Era el jefe del Estado, del ejército y de la iglesia. Compartía su puesto con el *cihuacoatl*, dignidad política que fue establecida en la época de Tlacaelel. Existía además un consejo de ancianos —*tlatocan*— que intervenía en las decisiones trascendentales. En los niveles inferiores había una multitud de funcionarios y empleados dedicados a una labor específica: jueces, policías, guardianes de los depósitos de armas, etcétera.

A partir de su establecimiento en México-Tenochtitlán, los mexicas designaron a su primer *tlatoani*; la elección recayó en un príncipe de Culhuacán, Acamapichtli. Con la entronización de este señor, se vincularon con los antiguos habitantes del Valle.

Los tres primeros *tlatoanis* fueron: Acamapichtli, Huitzilihuitl y Chimalpopoca, quienes gobernaron a los mexicas mientras estuvieron sujetos a la hegemonía de Azcapotzalco. Fue durante el gobierno de Itzcóatl cuando ocurrió la guerra que liberó a los mexicas de los tepanecas. A partir de esta victoria, los aliados triunfantes, Tenochtitlán, Texcoco y Tlacopan, organizaron una confederación política y militar que se denominó la Triple Alianza, emprendiendo la guerra de reconquista de la cuenca lacustre que se prolongó hasta 1434.

El consejero de Itzcóatl fue Tlacaelel, figura singular en la historia prehispánica, que vislumbró el destino glorioso de Tenochtitlán y dictó las medidas necesarias para consolidar su grandeza. Estableció una historia oficial en la cual este grupo surge como el pueblo elegido por el sol.

Los siguientes *tlatoanis* fueron: Moctezuma Ilhuicamina, Axayácatl, Tizoc y Ahuizotl. Ellos se encargaron de expander los límites del Estado mexica mediante conquistas militares.

Con el segundo Moctezuma las características de la sociedad mexica se transformaron, estructurándose eficazmente el funcionamiento del sistema tributario. El se enfrentó a los conquistadores españoles, tomando una actitud pasiva y fatalista, no permitiendo a su pueblo defenderse del invasor.

Los últimos señores mexicas fueron Cuitláhuac y Cuauhtémoc quienes organizaron la resistencia de su ciudad contra el ataque de los europeos. El último *tlatoani* fue capturado y Tenochtitlán sucumbió el 13 de agosto de 1521.

Xochipilli. Dios patrono de la música, el canto y la danza.

SALA 8. OAXACA

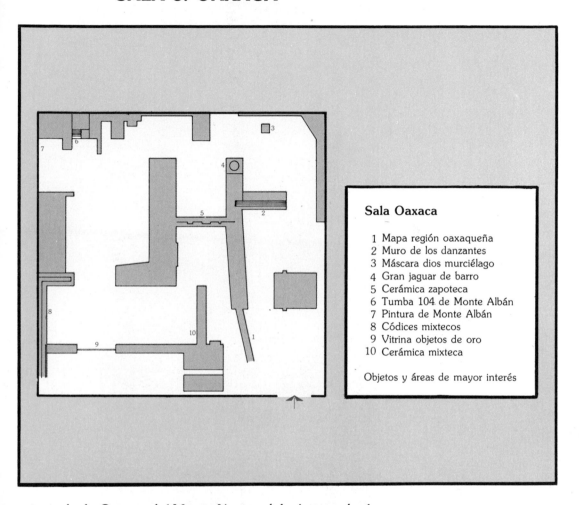

Sala Oaxaca

1 Mapa región oaxaqueña
2 Muro de los danzantes
3 Máscara dios murciélago
4 Gran jaguar de barro
5 Cerámica zapoteca
6 Tumba 104 de Monte Albán
7 Pintura de Monte Albán
8 Códices mixtecos
9 Vitrina objetos de oro
10 Cerámica mixteca

Objetos y áreas de mayor interés

La sala de Oaxaca del Museo Nacional de Antropología está constituída por dos secciones principales. En la primera se destaca el desarrollo cultural del sitio arqueológico de Monte Albán; se exhiben en ella los objetos procedentes de las diversas temporadas de campo y trabajos arqueológicos realizados por Alfonso Caso, Ignacio Bernal y Jorge Acosta. Los objetos hallados se colocaron siguiendo un orden cronológico con arreglo a las fases de ocupación en Monte Albán, desde la I hasta la V La siguiente sección se refiere de manera general a la mixteca como región cultural, sin atender particularmente a sitios arqueológicos, excepto Yagul, en vista de su arquitectura ejemplar. También se destacan algunos aspectos de la cultura mixteca, como son la escritura mediante códices y los conocimientos tecnológicos y artesanales, principalmente la metalurgia, la lapidaria y la alfarería, entre otros.

Notable *máscara de jade*, formada de varias partes, que representa al dios murciélago.*

LAS PRIMERAS COMUNIDADES AGRICOLAS

A la entrada de la sala se localiza la vitrina que nos muestra los inicios de los grupos aldeanos y agrícolas en Oaxaca. Estos se desarrollaron en el Valle de Etla, en donde hacia 1500 a.C., en el Preclásico Temprano, se asientan a lo largo del río Atoyac en donde practican la agricultura; principalmente cultivan maíz, frijol y calabaza. Estas comunidades evolucionan y hacia 1200 a.C., presentan diferentes patrones residenciales que evidencian una mayor estratificación social pues se inicia la construcción de edificios dedicados a actividades cívico-religiosas. Aproximadamente hacia 900 a.C., existen relaciones entre estos grupos oaxaqueños y los de la Costa del Golfo, testimonios de tal intercambio son los objetos suntuarios encontrados entre ambas regiones.

LA EPOCA CLASICA

Durante el Clásico, entre 200 y 800 años a.C., las comunidades del Valle de Oaxaca se incrementan y se continúa con la edificación de Monte Albán. Para construir los zapo-

Botellón cilíndrico de barro decorado con el dios de la lluvia *Cocijo*. Procede de Monte Albán, Oaxaca.

tecas modificaron gradualmente la topografía del cerro en donde se ubicó la ciudad, hasta lograr un conjunto que abarcó más de trescientos metros de largo por doscientos metros de ancho, mediante una armónica composición de espacios y volúmenes logrados a fuerza de recortar las salientes rocosas y de construir edificios sobre ellas ocultándolas bajo las estructuras, plataformas y edificios.

EL CULTO A LOS MUERTOS

La nobleza zapoteca desarrolla, durante la época Clásica, un importante ritual funerario, producto de las ideas religiosas y el culto a sus antepasados; así, en casi todos los edificios y palacios se construían tumbas en las que se colocaba a los señores acompañados de ricas ofrendas. La arquitectura de las tumbas va evolucionando: las más antiguas son de planta sencilla con el techo de grandes lajas de piedra labrada colocadas en forma horizontal; posteriormente las tumbas son de mayor tamaño con nichos en los muros que se decoran con pintura mural, y los techos a manera de una falsa bóveda y en algunas se construyen pequeñas antecámaras; entre las numerosas ofrendas que acompañan a los muertos destacan las urnas, que son un elemento ritual muy importante, ya que en ellas se representan los dioses zapotecas, personajes y sacerdotes.

La Tumba 104 de Monte Albán es una de las más espectaculares; tiene una fachada formada por un dintel con cornisas y encima un tablero de escapulario; al centro de éste, un nicho con una urna que representa al dios Cocijo, la puerta formada por una gran losa cubierta de jeroglíficos. La cámara es de planta rectangular y de techo plano, con muros cubiertos con pinturas murales; en el fondo, sobre un nicho, está pintada la cabeza del dios del "gran moño en el tocado"; a su lado se encuentra el glifo 5 Turquesa; a la izquierda, un personaje con una bolsa en la mano representa tal vez al dios Xipe.

Página siguiente. Reproducción de la *Tumba 104* descubierta hacia el norte de la Gran Plaza de Monte Albán.

Urna de barro con la representación del dios con *Yelmo de ave de pico ancho.* Procede de Monte Albán, Oaxaca.

EL OCASO DE MONTE ALBAN

El colapso de la gran urbe zapoteca, así como su gradual abandono, se inicia probablemente hacia 900 d.C.; la mayor parte del centro cívico-religioso ya se encontraba en ruinas, había cesado la actividad constructiva, ya que a esta época se atribuyen únicamente un cierto número de entierros dentro de los edificios en ruinas. La desintegración de Monte Albán como centro rector de los valles centrales de Oaxaca, permite el desarrollo de otros centros en el área, como Zaachila, Lambityeco, Cuilapan y Mitla, mismos que

Urna de barro con la representación de la *diosa "13 Serpiente"*. Procede de la Tumba 109 de Monte Albán, Oaxaca.

ya existían como centros rivales desde la fundación de Monte Albán; pero es hasta este momento cuando logran su propio desarrollo.

Ya en pleno Postclásico, hacia 1350 d.C., llegan a los valles centrales grupos de la Mixteca, y algunos se asientan en Monte Albán, ciudad que se encontraba en ruinas. Los mixtecos reutilizaron las tumbas zapotecas para inhumar a sus caciques, y quizá uno de los hallazgos más importantes de la arqueología en nuestro siglo es el de la famosa Tumba 7 de Monte Albán, de típica arquitectura zapoteca, en cuyo interior se colocaron objetos mixtecos.

LOS SEÑORES MIXTECOS

El desarrollo cultural de la Mixteca que se expresa en la sala nos conduce hacia el advenimiento de los Señoríos Mixtecos que relatan los códices. Existen algunas tradiciones según las cuales los mixtecos guiados por sus dioses titulares llegaron a la zona montañosa de Oaxaca, penetrando por Coixtlahuaca. Pasan después por Apoala para establecerse finalmente en Achiutla y Tilantongo, en donde surgieron las primeras dinastías registradas en los códices mixtecos. El área ocupada por los mixtecos se ha dividido en tres subregiones: la Mixteca Baja localizada al oeste del estado, la Mixteca Alta que circunda a la anterior hacia el centro de Oaxaca y la Mixteca de la Costa que comprendió la región noroeste de la costa oaxaqueña y parte de Guerrero.

EL PERIODO POSTCLASICO

El período Postclásico se caracteriza por el militarismo en gran parte de Mesoamérica, y la región mixteca no escapó a él; por el contrario, este pueblo es arquetipo de los grupos guerreros de esa época. Alrededor del siglo XIV los mixtecos conquistaron la ciudad de Zaachila originando la huída del principal señor zapoteca hacia la región de Tehuantepec, a partir de este suceso los mixtecos extendieron sus

Pieza mixteca de oro con incrustaciones de turquesa representando un escudo o *Chimalli.*Procede de Yanhuitlán, Oaxaca.

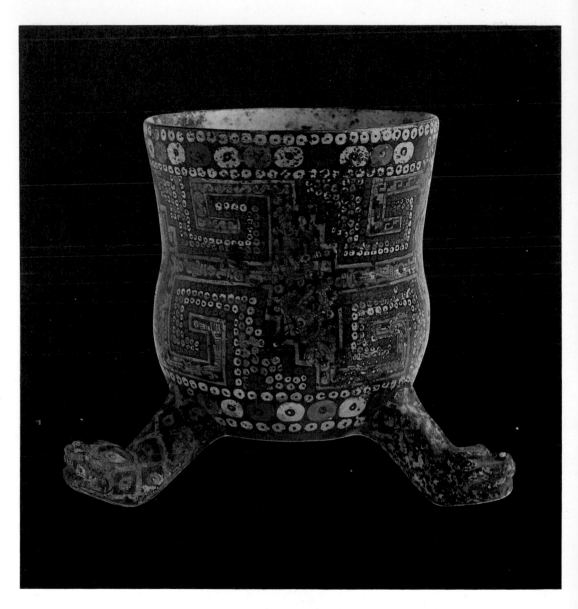

Vasija mixteca de barro con soportes trípodes en forma de cabeza de jaguar.

dominios sobre todo el Valle de Oaxaca, principalmente hacia la región occidental cuya cabecera política fue Cuilapan.

Los mixtecos sólo tuvieron una unidad étnica y cultural, pero a diferencia de los zapotecas no estuvieron organizados como una gran entidad política-estatal, sino que conformaron señoríos por lo general independientes entre sí, que se regían fundamentalmente por el militarismo; se desconoce si existieron soldados profesionales; sin embargo los barrios de cada ciudad eran las unidades de reclutamiento, ya que todos sus miembros tenían la obligación de participar en los combates.

METALURGIA Y CERAMICA

Los mixtecos destacaron por su maestría en el manejo de los metales preciosos, fundamentalmente el oro, la plata y el cobre, con los cuales elaboraron extraordinarias obras de arte y magníficos objetos como orejeras, narigueras, discos, placas colgantes y collares,entre otros. Por otro lado, la cerámica de estilo y manufactura mixteca es famosa en toda Mesoamérica y destaca por su policromía y gran variedad de formas. Los alfareros mixtecos, que comparten esta tradición con el área de Cholula, lograron magníficos ejemplares en los que plasmaron imágenes de sus dioses, glifos, motivos geométricos y fantásticos.

El Edificio de Los Danzantes es de los más antiguos de Monte Albán, ya que la primera etapa de su construcción corresponde a la época I. Este edificio tuvo un gran talud decorado con losas grabadas con figuras humanas de personajes desnudos con actitudes particulares, ojos cerrados, la boca abierta y glifos.

En esta sala se encuentran una urna que representa a la Diosa 13 Serpiente, ya que lleva el glifo correspondiente a esta deidad sobre su *quechquémitl*, y, procedente de la Tumba 77 de Monte Albán, una urna que es un gran cilindro de barro en el cual se modeló la cabeza del dios Ave de Pico Ancho.

Vasija mixteca de barro, policromada, con un colibrí sobre el borde. Procedencia: Tumba 2 de Zaachila, Oaxaca.

SALA 9. CULTURAS DEL GOLFO

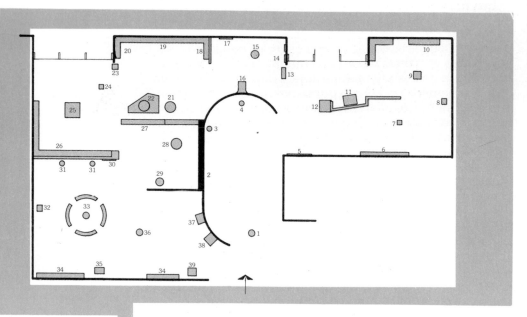

MEDIO GEOGRAFICO

Estas culturas se encuentran distribuídas, principalmente, en la llanura costera del Golfo de México, así como en algunas tierras bajas de la Sierra Madre Oriental, en lo que actualmente son los estados de Veracruz, Tabasco, Tamaulipas y parte de Puebla, San Luis Potosí, Hidalgo y Querétaro.

En el área que abarca las zonas mencionadas existieron tres culturas, distribuídas de sur a norte: la Olmeca, la del centro de Veracruz y la Huaxteca. Las dos últimas tuvieron un desarrollo muy largo: desde cientos de años antes de nuestra era, hasta la llegada de los españoles en el siglo XVI, mientras que la existencia de la primera se limitó a varios siglos antes de nuestra era. El apogeo de cada una de ellas ocurrió en momentos distintos: el de la Olmeca, durante el Preclásico Medio (1200-500 a.C.); el de la del centro de Veracruz durante el Clásico (300-900 d.C.) y el de la Huaxteca, en el Postclásico (900-1521 d.C.). La presentación de estas culturas se ha hecho poniendo de relieve esos momentos.

A pesar de tener diferencias marcadas. Las culturas de la costa del Golfo presentan muchos rasgos comunes, lo cual permite considerar a las tres como una unidad.

El primero de estos es un medio geográfico semejante en la mayor porción del área, el segundo, la forma en que los grupos humanos se adaptaron a ese ambiente.

Desde el sur de Tamaulipas hasta Campeche, aproximadamente, se extiende una angosta llanura cuya altura sobre el nivel del mar es de menos de ochocientos metros, nivel que forma la línea divisoria entre la tierra templada y la caliente.

Puede decirse que desde épocas prehispánicas, se considera a esta llanura una unidad ecológica, ya que ahí coinciden una serie de características: una vegetación natural de bosque tropical en donde es factible obtener hasta dos cosechas anuales, tomando en cuenta el ciclo de precipitaciones pluviales, con excepción de una zona semi-árida en el centro de Veracruz. La lluvia excede, generalmente, los 1 000 mm por año, y fluyen abundantes corrientes de agua sumadas a un sistema de ríos con grandes cuencas y extensas llanuras fluviales, tales como el Pánuco-Tamesí, el Papaloapan, el Coatzacoalcos y el Grijalva-Usumacinta, además de lagunas o esteros; este sistema fluvial proporciona tanto un medio de transporte como recursos alimenticios.

Buena parte de las tierras bajas de estas llanuras comprende sabanas inundadas, pantanos y lagunas. Sin embargo, toda la estrecha llanura que va desde el río Pánuco hasta el Papaloapan es una área de ondulantes colinas y topografía bien drenada.

A pesar de que hubo gran cantidad de tierra agrícola que antaño no se pudo utilizar por estar permanentemente inun-

Mapa del área olmeca con los ríos y arroyos que la irrigan y al centro el macizo montañoso de los Tuxtlas.

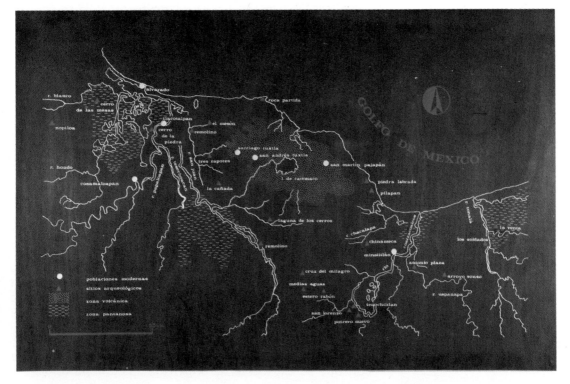

dada, existieron superficies muy fértiles; entre ellas, las llanuras aluviales, que cuentan con un buen desagüe, al igual que el terreno de colinas.

Este medio determinó que la población se diseminara en reducidos grupos, ya fuera en aldeas, villas, pueblos pequeños y, en el menor número de los casos, en los grandes núcleos de población que contaban con centros ceremoniales; pero estos centros, aunque abundantes, casi nunca llegaron a concentrar numerosos habitantes ni a tener las dimensiones o extensión que los del Altiplano Central. A partir del período Clásico, los grupos parecen haberse organizado en señoríos independientes que no llegaron a constituirse en un Estado unificado, a diferencia de lo sucedido en otras culturas del México antiguo.

Tal diferencia pudo estar condicionada por el sistema agrícola, ya que no era necesario, como en el Altiplano, un trabajo colectivo más cuantioso al que podía desempeñar la familia extensa, además, no existía la necesidad de que el Estado o, el grupo dominante, tuviera entre sus principales funciones incrementar el potencial agrícola.

LOS OLMECAS

La palabra olmeca significa "habitante de la región del hule" Este grupo vivió en la costa del Golfo, al sur de Veracruz y parte de Tabasco, durante el período Preclásico Medio y Superior (1300-100 a.C.).

Gran porción del terreno está cubierto permanentemente por agua y lodo. La vegetación tupida y densa obligó a los olmecas a encontrar en ríos y lagunas las mejores vías de comunicación.

ESCULTURA

La mayor parte del área está formada por tierras bajas, interrumpidas únicamente por el macizo montañoso de los Tuxtlas, de unos quinientos metros de altura, de donde extrajeron la piedra que utilizaron en sus trabajos.

Es posible dividir a sus esculturas en: figuras humanas, animales, objetos ceremoniales e instrumentos de trabajo. Las figuras humanas son las más abundantes; las hay en relieve, y de bulto, en cabezas colosales, altares y estelas. De las cabezas colosales y los altares, ejemplos únicos en Mesoamérica, se desconoce el simbolismo exacto; sin embargo, algunos investigadores piensan que acaso las primeras representan a jefes o a jugadores decapitados en el juego de pelota. En los altares los olmecas plasmaron las ideas con que se explicaban el origen de sus antepasados.

Además de la escultura monumental los olmecas realizaron multitud de esculturas pequeñas en piedras verdes como el jade o la jadeíta, dedicadas a objetos ceremoniales o adornos.

Fueron los olmecas quienes empezaron a asignar gran importancia al jade. Esta piedra verde representó en Mesoamérica lo más valioso, manteniendo siempre una relación con el concepto de fertilidad.

Escultura en piedra. *Personaje masculino* con taparrabo, cinturón y pectoral. Cultura Olmeca. Procede de San Lorenzo, Veracruz. Preclásico Medio.

TECNOLOGIA Y CERAMICA

Uno de los mayores esfuerzos tecnológicos de este grupo fue la construcción del primer sistema de control del agua de que tenemos conocimiento en el México prehispánico. En San Lorenzo, Veracruz, se construyó una red de canales

93

Cabeza colosal en piedra.
Representan jefes o jugadores de
pelota. Cultura Olmeca.
Procede de San Lorenzo, Veracruz.
Preclásico Medio.

de desagüe o desecación; la línea principal mide 1,674 metros de longitud, en tanto que las secundarias sólo alcanzan 294 metros. Todos estos canales se hicieron con losas de piedra perfectamente cortadas y ensambladas. Esto fue, sin duda, trabajo de verdaderos especialistas.

La cerámica olmeca es bastante sencilla y está realizada en un barro cremoso, típico de la costa del Golfo, generalmente con muy poca decoración, la cual consiste, principalmente, en motivos relacionados con el jaguar.

ARQUITECTURA

Cuando los sitios ceremoniales olmecas se convirtieron en centros rectores de varias aldeas o rancherías vecinas, surgió una nueva forma de organización política que tendía a concentrar el poder y los conocimientos en un mismo grupo.

Los asentamientos humanos más importantes de la cultura olmeca fueron: La Venta, en Tabasco; Tres Zapotes y

San Lorenzo-Tenochtitlán, ambos en Veracruz, centros ceremoniales cuyos edificios revelan un concepto preciso de la orientación. Los basamentos piramidales, de distintas formas (rectangulares o redondos) se construían alrededor de un espacio abierto que servía como plaza ceremonial. Puesto que los materiales de construcción eran tierra o barro, sus edificios nunca alcanzaron escalas monumentales.

RELIGION

La religión olmeca giraba en torno del culto a la fertilidad, con el jaguar como dios principal. La religión estaba entrelazada con la organización política y social, como sucedió en toda la cultura mesoamericana.

ORGANIZACION SOCIAL Y CONOCIMIENTOS

La población olmeca se dividía de acuerdo con clases sociales jerarquizadas, algunas de ellas con acceso a privilegios, al acervo de los conocimientos y al dominio de ciertos

Vasija en barro con representación de la cara del jaguar. Cultura Olmeca. Procede del Valle de México. Preclásico Medio.

Ofrenda de La Venta, Tabasco compuesta por 16 figuras y 6 hachas en piedra verde. Cultura Olmeca. Preclásico Medio.

oficios ejercidos por sacerdotes, artistas, artesanos y mercaderes.

Esta cultura fue la primera en plasmar un sistema calendárico en piedra, como lo muestra la Estela C de Tres Zapotes, Veracruz, que tiene grabada la fecha más antigua que hasta ahora se conoce en Mesoamérica: 31 años antes de nuestra era.

Durante el período Preclásico mesoamericano, los olmecas presentaron una serie de rasgos que sentarían las bases para el desarrollo de la gran época Clásica de las culturas mesoamericanas.

CULTURA DEL CENTRO DE VERACRUZ

En el centro de Veracruz se desarrollaron culturas distintas a las que encontramos al sur de esa área (la Olmeca) o al norte (la Huaxteca). Para designarlas no tenemos, por ahora, otro nombre más preciso que el de culturas del centro de Veracruz, conocidas también como Veracruz central o estilo del Tajín. Sin embargo, existió una marcada diversidad regional que dio origen a variedades locales.

Como límites de dicha cultura pueden darse los ríos Cazones, por el norte, y Papaloapan, por el sur; al oeste, la Sierra Madre Oriental y pequeñas extensiones de los actuales estados de Puebla y Oaxaca.

ARQUITECTURA

En el centro de Veracruz la arquitectura ceremonial se inició a fines del período Preclásico (800-100 a.C.), cuando ya existía un culto religioso formalizado y una clase sacerdotal organizada. En sus primeras construcciones los pobladores emplearon tierra quemada o lodo, y en algunos lugares los recubrieron con piedra. Algo característico de esta región, era el uso de la concha del ostión para rellenar las

Izquierda. *Figurilla sonriente* en barro con pintura, representa a un bailarín. Adorna su cuerpo con pintura, collar con cascabel y orejeras circulares. Clásico.

Derecha. *Estela* en piedra de Tepatlaxco, Veracruz, en fino relieve se representó a un jugador de pelota ataviándose para la gran ceremonia que fue el juego de pelota. Clásico.

 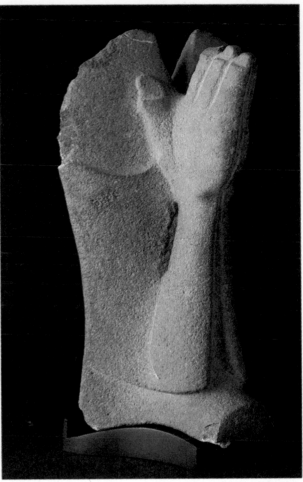

Izquierda. Estela en piedra de Aparicio, Veracruz. Representa a un jugador de pelota decapitado, de su cuello la sangre brota en forma de siete serpientes. Cultura del Centro de Veracruz. Clásico.

Derecha. Palma ceremonial en piedra, como los yugos y las hachas está asociada al juego de pelota. La representación del brazo y la mano la hace una pieza única en esa época. Cultura del Centro de Veracruz. Clásico Tardío.

plataformas artificiales, así como para fabricar la cal que se utilizaba para recubrir edificios.

El Tajín, con su peculiar estilo arquitectónico, fue construído en una zona de pequeñas colinas con abundancia de edificios, esculturas y bajorrelieves. Estuvo ocupado durante largos años, desde principios del Clásico hasta ya iniciado el Postclásico (100-1100 d.C.). Sus edificios, decorados con nichos, grecas y cornisas voladas que dan un estilo propio, desprenden un aire de ligereza.

ESCULTURA

La escultura de Veracruz central, moldeada tanto en barro como en piedra, representa una de las manifestaciones artísticas más desarrolladas del México antiguo. En el Clásico, las figurillas sonrientes constituyen un ejemplo excepcional; la concepción de la sonrisa, cuyos posibles orígenes podemos encontrarlos en algunas obras olmecas, acaso se vinculaba con un culto a la fertilidad que se expresaba en el gozo vital de bailarinas y músicos.

A finales del período Clásico, el trabajo en barro llegó a niveles insospechados, tal como lo muestran las figuras humanas de tamaño natural que se encuentran en los sitios de El Zapotal y Cocuite, así como la representación del dios viejo del fuego, de Cerro de las Masas, Veracruz.

De la abundante escultura menor en piedra de la época Clásica, lo más peculiar es el complejo yugo-hacha-palma, estrechamente asociado al juego de pelota y al culto a los muertos.

El juego de pelota, elemento asociado a la religión mesoamericana, sirvió para desarrollar una serie de trabajos en piedra que puede admirarse en los diversos juegos de pelota de El Tajín; tal es el caso de sus bajorrelieves y de la estela de Aparicio, donde se representa a un jugador decapitado.

El ejemplo principal de la arquitectura del período Postclásico (850-1521 d.C.), es la capital del señorío totonaca, Cempoala; ciudad que refleja cierta influencia del Altiplano Central sobre la costa del Golfo.

Cuando llegaron los españoles a Mesoamérica (1519 d.C.), Cempoala fue la primera gran ciudad indígena que conocieron. Tanto Hernán Cortés como sus soldados quedaron maravillados ante la belleza de su arquitectura.

CULTURA HUAXTECA

Los huaxtecos vivieron, y todavía se les localiza, en el norte de la costa del Golfo. Si bien es cierto que hoy día sólo ocupan pequeñas partes de Veracruz y San Luis Potosí, la extensión geográfica que originalmente ocuparon abarcó los actuales estados de Veracruz, San Luis Potosí, Hidalgo y Tamaulipas, así como pequeñas porciones de Puebla y Querétaro. Se extendieron en una área que comprende una amplia variedad de climas y paisajes naturales, desde el calor insalubre en la costa y la llanura costera, hasta las alturas de la Sierra Madre Oriental, el altiplano potosino y la abrupta serranía de Tamaulipas.

La lengua huaxteca pertenece a la familia de las lenguas mayenses, de las que se separó hace unos 3,500 años, aproximadamente, presionada por grupos de otras lenguas que se interpusieron entre ellas. Hoy en día unos 40,000 indígenas de Veracruz, San Luis Potosí e Hidalgo siguen hablando esta lengua.

Vasija de barro en forma de
mujer con pintura roja y negra.
Cultura Huaxteca. Clásico
Tardío.

ALFARERIA

Durante el período Clásico la cerámica huaxteca adquiere características muy definidas y particulares, pues comienza a realizarse en un barro cremoso de pasta fina, con formas antropomorfas. En el Postclásico, esta artesanía muestra mayor relación con el resto de Mesoamérica, sin perder su característica que la define: decoración guinda o negra sobre blanco. Más tarde se aprecia claramente una relación con la cerámica polícroma de Cholula y su decoración tipo códice.

ARTES MENORES

Por otra parte, el trabajo en concha fue una de las artes que los huaxtecos dominaron con maestría. Son muy abundantes los caracoles cortados usados como pectorales. En ellos se han grabado escenas religiosas o míticas que rivalizan con las representadas en códices de otros grupos mesoamericanos. Esta artesanía alcanza la cúspide en las obras efectuadas a partir del período Clásico; su creación debió ser bastante laboriosa, tomando en cuenta los instrumentos utilizados.

ESCULTURA

Como todos los pueblos prehispánicos de la costa del Golfo, los huaxtecos fueron hábiles escultores en piedra. Sus primeras obras pertenecen a la época Clásica, momento en que permanecieron relativamente aislados del centro de Mesoamérica, aunque guardan particular semejanza con otras culturas marginales, como las del occidente de México. En la piedra plasmaron sus creencias religiosas, que giraban alrededor del origen de la vida a través del concepto de la fertilidad, representado por mujeres con las manos colocadas en el vientre y por adolescentes que simbolizan el maíz, al lado de representaciones masculinas en donde se señala claramente el sexo. Durante el período Postclásico fue cuando esculpieron sus mejores obras: el Adolescente de Tamuín, San Luis Potosí; el Sacerdote de El Naranjo, Veracruz, o el Adolescente de Jalpan, Querétaro, entre otros.

La lápida de Huilocintla, Veracruz, ejemplifica el estilo híbrido en que se presentan elementos de la Huaxteca y del centro de Veracruz. Además, ilustra el período durante

Lápida de Huilocintla, Veracruz, representa a un sacerdote del dios Quetzalcóatl-Ehécatl, dios del viento. Cultura Huaxteca. Postclásico.

Derecha. Escultura en piedra conocida como el *Adolescente* vista de frente. Cultura Huaxteca. Postclásico Temprano.

el cual la cultura huaxteca se unió a los grandes mitos mesoamericanos plasmados en la figura representada.

RELIGION Y DIOSES

La religión huaxteca estaba impregnada de sencillez en sus orígenes, cuando el culto a los muertos y a la fertilidad eran las ideas principales; más tarde, al recibir la influencia mesoamericana, se hizo más compleja. En general, todos los dioses huaxtecos giran alrededor de una concepción de fertilidad asociada al culto lunar. El dios Quetzalcóatl-Ehécatl, que porta un caracol cortado como símbolo particular, es de origen huaxteco, en su advocación de dios del viento.

Durante el Clásico Tardío el Altiplano Central, específicamente la cultura mexica, adoptó algunos dioses huaxtecos: Quetzalcóatl-Ehécatl y Tlazolteotl, entre ellos.

Con Ahuizotl, señor mexica, quedó sujeta al imperio de Tenochtitlán gran parte de la Huaxteca, pero duró poco su dominio. Al llegar los españoles, en 1519, los huaxtecos se hallaban en relativa independencia. Quedaban en sus manos algunos sitios importantes por su posición geográfica, tales como Castillo de Teayo, Veracruz, lugar de donde proceden algunas esculturas huaxtecas que muestran claros elementos mexicas.

SALA 10. MAYA

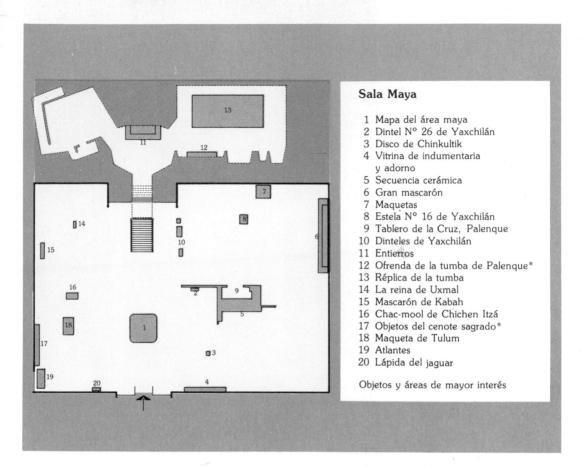

La cultura maya floreció en una vasta extensión geográfica que abarca desde la Laguna Tupilco, en Tabasco, hasta el valle del Ulúa, en Honduras, y el río Lempa, en El Salvador; son aproximadamente 400,000 kilómetros cuadrados que incluyen una porción importante del sureste de nuestro país: la mayor parte de Tabasco y Chiapas, así como la totalidad de los estados de Yucatán, Campeche y Quintana Roo; Belice, Guatemala y las franjas occidentales de Honduras y El Salvador.

El desarrollo cultural de los mayas se inició aproximadamente 1500 años a.C. En la actualidad aún habitan en esa extensa área sus descendientes modernos, entre los que podemos citar a los choles, los lacandones, los yucatecos, los chortíes, los tzeltales y los tzolziles, entre otros.

Los mayas forjaron una de las más brillantes culturas mesoamericanas; destacan por su arquitectura, caracterizada por el empleo de techos formados por piedras saledizas que han dado lugar al llamado "arco falso" o bóveda maya; las

Dintel 26 de Yaxchilán, Chiapas.

elaboradas fachadas de sus estructuras; la construcción de grandes centros ceremoniales, con pirámides y templos distribuídos alrededor de amplios patios; la costumbre de erigir estelas y altares para conmemorar sucesos o asuntos importantes; una escritura jeroglífica propia y un sistema de numeración vigesimal posicional, lo cual implicó la previa invención y utilización del concepto del cero, un portentoso avance del orden abstracto que los mayas lograron varios siglos antes de que lo conocieran los europeos por conducto de los árabes y, por lo tanto, de que el sistema posicional en matemáticas fuera de uso común en Europa.

Sus conocimientos y adelantos en los campos de las matemáticas y la astronomía fueron especialmente importantes. Elaboraron un calendario ritual o sagrado de 260 días y un calendario civil de 365 días, y de la combinación de ambos se formó la rueda de calendario o ciclo de los 52 años, que es la base de la cronología maya. Calcularon la duración de las lunaciones, del ciclo de Venus; fueron capaces de predecir eclipses e hicieron correcciones a su calendario civil para ajustarlo al año solar real, cuyos cálculos en algunos casos resultan más precisos, hasta por un diez milésimo de día, que lo que logramos con nuestro actual sistema calendárico gregoriano.

El recorrido por la sala nos permitirá conocer algo de lo más importante sobre los diferentes aspectos de la cultura maya.

MEDIO AMBIENTE

La primera parte de la sala está dedicada a presentarnos el medio ambiente. Un mapa en relieve, fotografías y una pintura de Luis Covarrubias mostrando un corte geológico idealizado del área maya, nos ilustran de manera clara no sólo la extensión geográfica de la misma sino las variantes ambientales, del clima, el relieve y la vegetación: desde las tierras altas y montañosas del sur hasta las tierras bajas y calcáreas, de monte bajo, que se deslizan hasta llegar casi al nivel del mar en la zona norte, pasando por las de altura media y perenne bosque tropical o las planicies aluviales de la zona central. También podemos ver gráficamente la formación de los "cenotes", en la llanura semiárida yucateca; al carecer ésta de ríos, lagos y lagunas, encontró en los cenotes prácticamente la única fuente natural de abastecimiento de agua.

Figurillas femeninas de barro, Jaina, Campeche. Clásico, 300-900 d.C.

Figurilla de barro representando a un *personaje de alcurnia* o alta jerarquía, Jaina, Campeche. Clásico, 300-900 d.C.

EL HOMBRE MAYA

Son muy numerosas las representaciones de los mayas antiguos, en piedra, estuco, pintura mural, cerámica, etcétera, que nos permiten conocer sus particularidades físicas; resulta notable observar como éstas han persistido a través de los siglos en sus descendientes modernos. Los mayas son de estatura baja, cabeza ancha, cabello lacio y no muy abundante; la cara es ancha, de pómulos algo salientes, labios bien delineados, nariz recta y amplia; los ojos tienen un aspecto algo rasgado o almendrado, debido a que el pliegue del párpado está un poco acentuado.

La decoración antropomorfa del dintel 26 de Yaxchilán, así como la extraordinaria máscara de estuco hallada en Palenque, Chiapas, resultan excelentes ejemplos del tipo físico maya.

Las representaciones humanas de los mayas también nos permiten observar una serie de deformaciones artificiales que practicaron en la antigüedad, con la idea de distinguirse de otros grupos, de señalar su rango o posición social o de lograr un ideal de belleza física. Entre las deformaciones más importantes podemos señalar la del cráneo. Según las fuentes históricas, a los pocos días de nacidos les colocaban a los niños dos planos compresores, uno en la parte anterior y otro en la posterior del cráneo, que eran sujetados fuertemente con cuerdas; con este sistema lograban la deformación de la cabeza que ha producido el clásico perfil que podemos observar en las representaciones humanas.

Se deformaban también los dientes. Estos eran limados para modificar su forma, rebajándoles levemente la superficie para incrustarles otro material, jade o pirita, por ejemplo.

Las escarificaciones o cicatrices gruesas y abultadas era otro tipo de deformación muy popular, a juzgar por la frecuencia de su presencia en las representaciones humanas. Según las fuentes históricas ella se lograba cortando levemente la piel para formar un diseño que había sido elegido previamente; posteriormente la herida así producida era infectada a propósito, para lograr una cicatriz gruesa y abultada que les dejaba una decoración permanente. Aunque se menciona que se escarificaban en varias partes del cuerpo, los ejemplos que existen son predominantemente del rostro y la variedad de los diseños resulta enorme.

INDUMENTARIA Y ADORNOS

Las esculturas en piedra y estuco, así como las figurillas de barro, no sólo sirven para mostrarnos el tipo físico y las deformaciones artificiales que practicaron los mayas, sino que resultan excelentes documentos que nos permiten ver el vestuario, el adorno, las diferencias de clases sociales o

Pintura de la *pirámide social*.

de actividades y profesiones de la antigua sociedad maya; aún más, también nos ilustran sobre una serie de artesanías, que por haber sido realizadas con materiales perecederos, no han resistido el transcurso del tiempo, como el trabajo del cuero, las pieles, la plumaria, los textiles, la cestería, etcétera. La información que nos brindan estos objetos resulta invaluable.

Así, es posible ver que en la confección de su vestuario usaron telas de algodón, pieles de animales, grandes tocados con penachos de plumas, collares, orejeras, narigueras, anillos, brazaletes, etcétera, de muy diversos materiales, entre otros: jade, concha, hueso, obsidiana, cobre, oro.

ORGANIZACION SOCIAL

De la variedad de atuendos que podemos observar, y con los datos que proporcionan las fuentes históricas, deducimos que la antigua sociedad maya estuvo dividida en clases sociales. Son cuatro los grupos principales que podemos señalar, divididos en dos categorías generales.

La clase dominante, formada por el sacerdocio y la nobleza: a ella pertenecía el Halach Uinic o principal jefe civil, el gran sacerdote o Ahaucán, el Nacón o supremo jefe militar, y los demás nobles, funcionarios civiles, militares y sacerdotales, de menor categoría.

107

Izquierda. Vaso decorado con motivos simbólicos.

Derecha. Figurilla femenina de barro que representa a una mujer de alto nivel social, Jaina, Campeche. Clásico, 300-900 d.C.

La clase dominada se componía de los plebeyos y los esclavos. Los primeros constituían la mayoría de la población: agricultores, artesanos, comerciantes, guerreros, etcétera. Los esclavos eran los últimos en la escala social; utilizados como bestias de carga llegaron a ser un importante artículo de comercio.

Desde el punto de vista material o económico, el grupo sacerdotal dominante fue parasitario e improductivo, pero, a cambio, fue el medio para comunicarse con los dioses y llegó a adquirir asombrosos conocimientos científicos que proporcionaron al sacerdocio gran fuerza y sabiduría. El grupo dominado, el pueblo, hizo posible el sostenimiento económico de la comunidad, la edificación de templos y pirámides, así como la elaboración de todo tipo de objetos utilitarios y de adorno.

RELIGION Y CREENCIAS COSMOGONICAS

La religión y las ceremonias a los dioses jugaron un importantísimo papel en la vida de los mayas. Al continuar el recorrido nos encontramos objetos diversos. En una vitrina hay instrumentos musicales: silbatos, ocarinas, flautas, sonajas en forma de figurillas de barro, así como huesos raspadores, lo que nos lleva a recordar que tanto la música como la danza eran parte muy importante del ceremonialismo. Otra vitrina nos muestra diversas representaciones de algunas deidades, sacerdotes o grandes señores ante altares o tronos, así como algunos objetos rituales.

Para los mayas, el hombre fue hecho de maíz. El principio creador fue Hunab Kú, del cual no se conoce representación alguna. Aunque aparentemente tuvieron gran cantidad de dioses, los principales fueron, por razones obvias, aquellos relacionados con los elementos naturales: el sol, la fertilidad, el agua. Itzam Ná, el dios más importante del panteón maya, es un dios celeste, el "rocío del cielo", o personificación corpórea del principio creador; Chaac, el dios de la lluvia; Kinich Ahau, el dios solar; Ixchel, diosa de la luna; Yum Kax, el joven dios del maíz; Ah Puch, dios de la muerte; y muchos otros que son, con nombres distintos, similares a los dioses del resto de Mesoamérica.

Además de la música y la danza, que ya hemos mencionado, el ritual a los dioses incluía también ayunos, abstinen-

Estela No. 18 de
Yaxchilán, Chiapas.

Disco con mosaico de turquesa y concha, hallado en la subestructura de El Castillo, Chichén Itzá. Postclásico, 900-1521 d.C.

cias y sacrificios; estos últimos iban, desde sencillas ofrendas de alimentos y objetos, autosacrificios en los que se sacaban sangre de algunas partes del cuerpo para ofrecerla a los dioses, hasta el sacrificio humano.

CERAMICA

Enfrente, hacia la izquierda, una larga vitrina nos presenta el desarrollo de la cerámica, en el que podemos observar la evolución de las formas, las técnicas y los motivos decorativos: desde las vasijas más sencillas y antiguas, monocromas y bicromas, de las primeras épocas (Preclásica, de 1500 a.C. a 150 d.C. y Protoclásica, de 150 a 300 d.C.), hasta las más complicadas y elegantes, bellamente policromadas, con motivos simbólicos, zoomorfos y antropomorfos de la época de máximo desarrollo cultural (Clásica de 300 a 900 d.C.).

EL ARTE CLASICO

Diseminadas en la sala, en capelos, aislados o en vitrinas, hay un gran número de objetos que nos muestran el esplendor del arte clásico en sus variadas expresiones: escultura, lapidaria, alfarería, tallado en hueso, trabajo de la concha, etcétera. Cada objeto, por la delicadeza de su forma, la pericia técnica y su fino acabado, constituye una obra maestra en su género.

Son particularmente notables el Tablero de la Cruz de Palenque, así como los dinteles y estelas de Yaxchilán, Chiapas, no solamente por la maestría y belleza de los relieves que los decoran, sino por la importancia histórica de los sucesos que registran y que son parte de la historia maya en

Página siguiente. Cabeza masculina realizada en estuco y hallada como ofrenda en la Tumba de Palenque.

110

general y de los sitios ya mencionados —Palenque y Yaxchilán—, en lo particular: sus representaciones simbólicas e inscripciones jeroglíficas han sido objeto de estudio y han aportado grandes avances en el desciframiento de la escritura jeroglífica maya.

ARQUITECTURA

Varias maquetas y fotomontajes de algunos sitios y templos mayas, nos muestran diversos rasgos característicos y la arquitectura típica de esa cultura. Las diferencias ambientales del área maya fueron factor determinante para la formación de estilos regionales; sin embargo, la presencia del techo en forma de arco falso o "bóveda maya" con su crestería, así como los cuadrángulos, "acrópolis", altísimos basamentos piramidales coronados por templos, y los "palacios", son rasgos determinantes e imprescindibles en cualquier sitio de la cultura maya.

En esta sección está también la restauración de un enorme mascarón central de Kinich Ahau, deidad solar, y otros elementos escultóricos a los lados, entre los que destacan dos representaciones de dioses ancianos relacionados con el fuego; son parte de una plataforma artificial de alguna estructura de procedencia desconocida. Es una de las últimas adquisiciones importantes de la sala maya, recuperada en forma de innumerables pedazos, lastimosamente dañados por los saqueadores criminales que destruyen nuestro patrimonio cultural; es también buena muestra del excelente trabajo de nuestros restauradores y del uso del mascarón como elemento arquitectónico entre los mayas.

COSTUMBRES FUNERARIAS

Una escalinata nos hace descender a la sección donde se encuentran ilustradas las costumbres funerarias de los mayas, culminando con la más suntuosa y elaborada de ellas: la Tumba Real o cámara funeraria hallada en el interior de la pirámide del Templo de las Inscripciones de Palenque, Chiapas. La reproducción de la tumba a tamaño natural demuestra que, por lo menos en este caso, las pirámides mesoamericanas fueron usadas tambien como túmulo de algún personaje muy importante. La riqueza de las ofrendas, principalmente de jade, rivaliza con la belleza y simbolismo de los relieves en estuco y piedra que decoran las paredes de la cripta y la lápida que cubre el sarcófago.

Al abandonar la tumba, una gran puerta da acceso al jardín donde están algunas reproducciones de estelas procedentes de Calakmul, Piedras Negras, Quiriguá y Copán. Igualmente se encuentran las reproducciones a tamaño natural de un templo de Hochob y del Templo de las Pinturas

Escultura del tipo llamado *Chac mool* hallada en Chichén Itzá. Postclásico, 900-1521 d.C.

de Bonampak. El primero representa uno de los estilos arquitectónicos de la región norte, llamado "Chenes", caracterizado porque toda la fachada del templo es un gran mascarón de Chaac, el dios de la lluvia, o de Itzam Ná, dios del cielo; el segundo en cambio, tiene en su interior la más importante pintura mural maya encontrada hasta la fecha.

ZONA NORTE Y EPOCA POSTCLASICA

Entrando nuevamente a la sala, el visitante encontrará maquetas y diversos objetos provenientes de la zona norte del área maya, en la que se desarrolló cierta variante estilística regional, la cual se manifiesta tanto en la arquitectura como en otros aspectos.

El fino trabajo de mosaico de piedra fue utilizado copiosamente en la decoración de las fachadas de los templos. Objetos importantes de otras regiones de México y Centroamérica demuestran la gran extensión e incremento que tuvo la actividad comercial, desde fines de la época Clásica hasta antes de la llegada de los españoles, o sea la Postclásica

(900-1521 d.C.) A esta última época corresponden principalmente los ejemplares que se exhiben.

Con la llegada de grupos invasores del Altiplano Central la cultura maya sufrió el impacto de influencias extrañas. Los toltecas, putunes o itzáes, capitaneados por Quetzalcóatl —Kukulkan—, irrumpieron en la historia maya, imponiendo su cultura en la península yucateca. Entre las piezas más notables y conocidas que se encuentran en esta última parte de la sala, tenemos al Chac mool y los Atlantes de Chichén Itzá; son importantes pruebas de este suceso tan significativo en el desarrollo cultural de los mayas. Otros ejemplares de escultura en piedra, los objetos de metal hallados en el Cenote Sagrado de Chichén Itzá y los discos con fino trabajo en mosaico de turquesa, coral, concha y perla, La invasión fue también el principio de la decadencia. Conflictos internos, rebeliones y enemistades dividieron y debilitaron la unidad del territorio maya. El militarismo se impuso, al tiempo que parecía cesar la actividad artística y ceremonial; la cerámica local decayó y se recurrió más a la importación. La arquitectura y la escultura fueron elaboradas con baja calidad y, en general, todo parecía propicio para la inminente llegada de los españoles y la consumación de la Conquista.

Escultura del tipo llamado
Atlante, procedente
de Chichén Itzá.
Postclásico,
900-1521 d.C.

SALA 11. NORTE

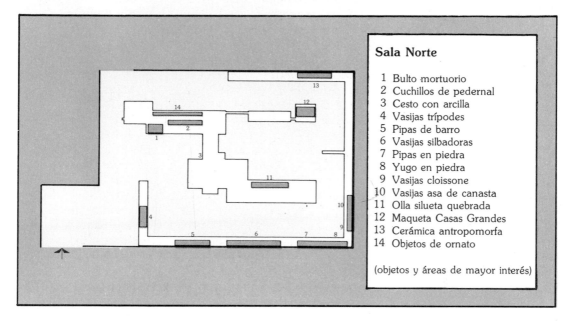

Sala Norte

1 Bulto mortuorio
2 Cuchillos de pedernal
3 Cesto con arcilla
4 Vasijas trípodes
5 Pipas de barro
6 Vasijas silbadoras
7 Pipas en piedra
8 Yugo en piedra
9 Vasijas cloissone
10 Vasijas asa de canasta
11 Olla silueta quebrada
12 Maqueta Casas Grandes
13 Cerámica antropomorfa
14 Objetos de ornato

(objetos y áreas de mayor interés)

La sala de las Culturas del Norte de México ofrece un panorama general de las sociedades más representativas de esa región, las cuales fueron el resultado de varios milenios del desarrollo cultural que tuvo lugar en territorios donde el ambiente, poco propicio, determinó la expansión o el retraimiento cultural de los grupos humanos que los habitaron.

En la entrada de la sala se presenta el desarrollo evolutivo de las distintas tradiciones culturales y sus áreas geográficas desde 10,000 a.C. hasta mediados del siglo XIX.

CULTURA DEL DESIERTO

A continuación se muestran algunos aspectos de la Cultura del Desierto, antigua tradición que surgió en el occidente de América del Norte como respuesta al cambio climático ocurrido a fines del Pleistoceno, cuando se retiraron los hielos de la última glaciación, lo que obligó al hombre a buscar un nuevo modelo económico que le permitiera aprovechar los recursos de un medio árido. En el Altiplano norte de México se han localizado cuevas y campamentos al aire libre, siempre cercanos a fuentes de agua, con restos que indican la ocupación de grupos de cazadores-recolectores que recorrían el desierto.

En ciertas regiones, estos grupos lograron domesticar plantas silvestres, entre ellas el maíz, con las cuales, después de varios milenios de experimentación, llegaron a practicar la agricultura.

Hermosa *pieza cerámica* de Casas
Grandes, Chihuahua.

MESOAMERICA MARGINAL

La siguiente sección comprende las distintas culturas agrícolas de la frontera norte de Mesoamérica, llamada también
Mesoamérica Marginal, en las que se perciben rasgos mesoamericanos y elementos regionales que fueron caracteri-
zando a los distintos grupos locales.

La expansión mesoamericana hacia el norte se inició desde el Preclásico Superior (800-100 a.C.), pero alcanzó su
máxima extensión territorial hacia 1 000 d.C., abarcando
las zonas de la desembocadura del río Pánuco, la sierra de
Tamaulipas, el altiplano potosino, parte de Zacatecas y Durango, hasta el río Mayo, en Sinaloa. Después de esta fecha,
debido a diversos factores tanto de tipo climático como sociales, políticos y económicos, la frontera norte se contrajo:
los agricultores abandonaron estas regiones, que volvieron
a ser pobladas por grupos de cazadores-recolectores, llamados chichimecas por los mesoamericanos.

OASIS AMERICA

En la región que hoy abarca Arizona, Nuevo México, Colo-
rado y Utah, se desarrolló una cultura agrícola de tipo aldea-
no conocida como Suroeste (del territorio ocupado hoy por
Estados Unidos) u Oasis América, la cual mantuvo cierto
contacto con el noroccidente de Mesoamérica y llegó a establecer rutas de intercambio en diferentes épocas.

Desde 3 000 a.C. se practicó una agricultura incipiente.
Unicamente hasta 300 a.C. aparecieron los primeros asen-

tamientos permanentes. En el Suroeste se identifican tres grandes subregiones culturales: Anazazi, Hohokam y Mogollón. De ellas aparecen en la Sala una muestra de elementos diagnósticos, es decir, de elementos que caracterizan a una cultura determinada.

CULTURA DE CASAS GRANDES

Al final de la sala pueden verse algunos aspectos de la cultura de Casas Grandes que se desarrolló en el noroeste del actual estado de Chihuahua. En sus orígenes, tal región formaba parte del Suroeste; sin embargo, después del 100 d.C. se recibieron en el norte importantes influencias mesoamericanas que terminaron por transformar la vida económica, social y religiosa de Casas Grandes. Paquimé, la capital de esta provincia arqueológica, controló un complejo comercio de materias primas y productos manufacturados que circulaban tanto al norte como hacia el sur. En pocos años, Paquimé se convirtió en una gran ciudad que sirvió de enlace entre el mundo mesoamericano y el Suroeste. Empero, su florecimiento resultaría efímero, pues hacia 1 360 d.C. la cultura de Casas Grandes se diluyó y los grupos de caza-recolección fueron borrando la huella del antiguo esplendor.

CESTERIA

La cestería fue una de las técnicas desarrolladas por los grupos nómadas del desierto. Esta actividad artesanal tuvo gran éxito debido a que lograron fabricar innumerables formas acordes con sus necesidades, además de tener la característica de ser ligeras para su transporte y fácilmente rem-

Cerámica de Casas Grandes con motivos geométricos.

A las formas geométricas agregaban a veces *motivos zoomorfos o antropomorfos*.

plazables. Se han hallado restos de cestería en cuevas usadas como campamentos estacionales.

ARMAS

Dentro de la economía de los grupos del desierto, las armas para la caza jugaron un papel importante. Entre ellas, estaba el *átlatl* o lanzadardos, con el que era posible arrojar un proyectil con mayor fuerza y alcanzar, por tanto, una distancia considerable, lo que hacía más efectivo el trabajo de obtención de alimentos. Posteriormente se introdujeron el arco y la flecha, pero el *átlatl* se siguió usando hasta épocas tardías.

CULTO A LOS MUERTOS

Entre algunos grupos de la Cultura del Desierto, fue práctica común depositar a sus muertos en cuevas. Por medio del estudio de dichos restos, el arqueólogo ha podido conocer algunos aspectos de la vida religiosa de aquella cultura y de las ideas con que se explicaban el "más allá". Los cuerpos eran amortajados con mantas, colocados en posición flexionada y acompañados por ofrendas, que consistían en objetos de uso personal de acuerdo con la edad y el sexo de cada individuo.

ALFARERIA

En algunos sitios que surgieron durante épocas tempranas en la frontera norte de Mesoamérica, como el de Los

Morales, Guanajuato, puede observarse la presencia de dos tradiciones alfareras: una proveniente de la Cuenca de México y otra de Chupícuaro, foco cultural ubicado al sur de Guanajuato que influyó notablemente entre las culturas del occidente y el norte de México. Esto indica que en el Preclásico Superior los grupos humanos de la frontera mantenían contacto con pueblos de regiones distantes.

DIOSES

Entre los pueblos de la frontera norte era poco frecuente la representación de deidades. Durante el período Clásico (100 a.C. 800 d.C.), en la región de Guanajuato se produjeron braseros de barro; hoy se piensa que son representaciones de algunas deidades locales, ya que al parecer se relacionan con ciertos dioses mesoamericanos.

La pipa es un elemento norteño que se introdujo en Mesoamérica por el noreste de la frontera, durante la época del Clásico. En Cueva Vetada, San Luis Potosí, se han descubierto numerosas pipas hechas en piedra, semejantes a las del sureste de Estados Unidos.

OFRENDAS

En Río Verde, San Luis Potosí, se localiza la laguna de la Media Luna, formada por un manantial donde se depositaban ofrendas; por ello se supone que el sitio era considerado como un santuario. Entre las ofrendas rescatadas se encuentran numerosas figurillas antropomorfas muy esquematizadas, las cuales portan tocados; algunas llevan además una máscara bucal en forma de pico. Por su atavío, se les asocia con el juego de pelota, ya que en la región también se hallan con frecuencia estructuras dedicadas a este fin.

Las *cerámicas* más antiguas fueron de un solo color. Posteriormente combinaron el negro, blanco y rojo.

Los habitantes de Casas Grandes, Chihuahua eran magníficos lapidarios. En piedra verde estriada hacían *metates, hachas y adornos.*

MINERIA

Tanto en la región de Zacatecas y Durango como en la Sierra Gorda de Querétaro, se desarrollaron culturas que fundamentaban su economía en la explotación de recursos minerales. La cultura de Chalchihuites, en Zacatecas, explotó yacimientos de piedra verde; a sus productos, conocidos como chalchihuites, se les relacionaba con la fertilidad, el agua y la lluvia. La cerámica característica de las primeras etapas evolutivas de esta cultura, se la llama Michilía negro esgrafiado.

LA CULTURA HOHOKAM

El pueblo hohokam se asentó en la zona desértica al sur de Arizona, a lo largo del río Gila y sus afluentes. Gracias a las exploraciones llevadas a cabo en el sitio de Snaketown, se han identificado elementos que relacionan a esta cultura con Mesoamérica. Tal es el caso de la cerámica, que presenta motivos ornamentales semejantes en ambas culturas, las figurillas, las paletas para pintura, etcétera.

ALFARERIA

La alfarería se desarrolló tardíamente entre los grupos anazazi (400-700 d.C.); sin embargo, al paso del tiempo lograron crear un estilo propio que los identificó, tanto por las formas de sus vasijas como por el uso de la bicromía (negro sobre blanco) en la realización de los diseños decorativos inspirados en elementos geométricos. Posteriormente, sus vecinos de la región Mogollón adoptaron dicho estilo y desarrollaron en la zona de Mimbres una de las más bellas cerámicas del Suroeste.

ARQUITECTURA

Durante el período Medio (1060-1340 d.C.), Casas Grandes se transformó en una ciudad donde se siguieron los patrones de construcción usados en el Suroeste para edificar unidades habitacionales de varios pisos que albergaban a una población numerosa. En la edificación se empleó el adobe para las paredes, pisos de tierra apisonada y techos de madera que, a su vez, funcionaban como piso para el nivel siguiente.

CASAS GRANDES

Casas Grandes fue un importante centro comercial, en donde se concentraban materias primas de regiones lejanas, con las que se manufacturaron objetos tanto para el consumo interno de la población, como para ser intercambiados en una amplia red comercial. Tales fueron los casos de la concha, que se traía de las costas del Golfo de California, y de la turquesa, que provenía de las minas de Arizona.

Vista de la *arquitectura típica* de Casas Grandes, en la que se empleó el adobe en las paredes, y pisos de tierra apisonada.

SALA 12. OCCIDENTE

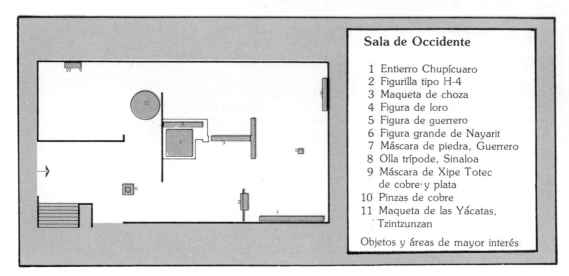

Sala de Occidente

1 Entierro Chupícuaro
2 Figurilla tipo H-4
3 Maqueta de choza
4 Figura de loro
5 Figura de guerrero
6 Figura grande de Nayarit
7 Máscara de piedra, Guerrero
8 Olla trípode, Sinaloa
9 Máscara de Xipe Totec
  de cobre·y plata
10 Pinzas de cobre
11 Maqueta de las Yácatas,
   Tzintzunzan

Objetos y áreas de mayor interés

Los antiguos habitantes del Occidente de México ocuparon gran parte de las costas del Pacífico en una zona que comprende los estados de Sinaloa, Nayarit, Jalisco, Colima y Michoacán, así como parte de Guanajuato y Guerrero. Aunque sus culturas tuvieron elementos básicos de Mesoamérica, entre 1500 a.C., a 600 d.C., se desarrolló en el occidente una tradición propia conocida por las tumbas de tiro y cámara. Por las tumbas y las ofrendas halladas, se piensa que tienen un posible nexo con Sudamérica. Después de esa época, estos pueblos fueron incorpo-

Entierro No. 1
hallado en Chupícuaro,
Guanajuato.

Maqueta de una choza con diez figurillas en barro. Procede de Ixtlán del Río, Nayarit.

rándose paulatinamente al mundo mesoamericano, del que formaron parte en el período Postclásico.

A grandes rasgos se describen algunas características de las culturas del Occidente mexicano en las diversas épocas.

PRECLASICO TEMPRANO

Encontramos las primeras culturas del Occidente de México en El Opeño en Michoacán (1550 a.C.) y Capacha en Colima y Jalisco (1450 a.C.). En ambos lugares se produjo cerámica de excelente calidad, usando técnicas avanzadas. En El Opeño, se encontraron las tumbas de tiro más antiguas que se conocen, y sirvieron como antecedente a las del período Preclásico Tardío.

PRECLASICO TARDIO

De la tradición cultural de Capacha-El Opeño, se desarrollaron dos importantes culturas: la de Chupícuaro, Guanajuato, y la de las tumbas de tiro de Colima, Jalisco y Nayarit. Ambas culturas mostraron una gran preocupación por aspectos funerarios. Dichas tumbas constan de una o varias cámaras subterráneas con entrada en la superficie mediante un tiro vertical. Aquí sepultaban a los muertos junto con ricas ofrendas. Sobresalen de estos entierros las vasijas y figurillas.

CLASICO

En este período tiene lugar el auge de las tumbas de tiro. Se hizo la mejor cerámica, con la que se representan personas, animales y plantas. Alrededor de 600 d.C. dejó de construirse este tipo de tumbas, y es el momento en que se inician las manifestaciones culturales que muestran afinidad con Mesoamérica.

POSTCLASICO TEMPRANO

En Sinaloa y Nayarit destacó el complejo Aztatlan, que es una muestra del estilo artístico conocido como Mixteca-Puebla. En este momento se refleja el contacto entre el Occidente y el centro de México en aspectos como la cerámica, la arquitectura y la escultura.

POSTCLASICO TARDIO

Aparece el pueblo tarasco, que tenía su capital en Tzintzuntzan sobre el lago de Pátzcuaro. Al igual que los mexicas, los tarascos se hicieron fuertes y poderosos por la conquista de una extensa área, en la que imponían tributos a la población sometida.

CULTO A LOS MUERTOS

Chupícuaro destaca por sus diversas formas de entierro y abundantes ofrendas. Se aprecia en la foto la disposición de los cadáveres y de las ofrendas en una de ellas. Las vasijas son variadas tanto en forma como en decoración, siempre con motivos geométricos.

Las ofrendas de Chupícuaro comprenden también figurillas de varios tipos. Incluyen figuras femeninas planas con rasgos y adornos en pastillaje, los ojos alargados y en posición oblicua. Cabe señalar que las figurillas en general son desnudas, pero nunca falta el tocado muy elaborado, el collar y las orejeras.

Izquierda. Figura hueca que representa un *loro*, en barro. Procede de Colima.

Derecha. Figura hueca que representa un *guerrero* en barro. Procede de Jalisco.

ARQUITECTURA

No quedan restos de arquitectura de época temprana en Occidente, pero tenemos, en cambio, modelos de barro de tamaño pequeño que representan templos o viviendas.

El ejemplo que presentamos es de Nayarit y muestra una casa y una escena familiar llena de vida y animación. Típico de Nayarit es la decoración polícroma, con diseños semejantes a los que hacen hoy los huicholes.

ALFARERIA

Además de figuras sólidas, aparecen en las tumbas de tiro hermosas figuras huecas.

Las de Colima son de color rojo o café y están pulidas. La mayoría tiene vertedera y sirven como vasijas. Representan una gran variedad de animales con mucha vida, naturalidad y gracia. Abundan los loros, como el que vemos.

Máscara de cobre con baño de plata del Dios Xipe Totec. Procedencia: Michoacán.

Las figuras huecas de Jalisco combinan el fino modelado con la pintura en dos colores. Las figuras casi siempre son antropomorfas, y se caracterizan por tener la cabeza alta y estrecha y la nariz afilada. Ojos y uñas se modelan con realismo. En Jalisco son frecuentes las imágenes de guerreros, como este ejemplo en actitud de ataque. La figura se protege con casco y coraza. En Nayarit, las figuras huecas de las tumbas de tiro por lo general tienen muchos colores para señalar prendas, adornos, pintura facial y corporal. Aquí el tema predominante es el ser humano, casi siempre con aretes y narigueras hechos de aros múltiples. Algunas son caricaturescas y otras son plenas de dignidad.

LAPIDARIA

En la cuenca del río Balsas, cerca de Mezcala, Guerrero, se tallaron muchos objetos de piedra, algunos con clara influencia teotihuacana u olmeca. Se hacían máscaras, hachas con figuras humanas, maquetas de templos y adornos de variadas formas. En algunas máscaras se observa el llamado "estilo Mezcala" que es sobrio y esquemático: se representan únicamente los elementos esenciales.

EL COMPLEJO AZTATLAN

En el Postclásico Temprano, el estado de Sinaloa se distingue por el complejo Aztatlan; se han encontrado vasijas de tecali, máscaras de barro, pipas y cerámica polícroma. En esta sala se encuentran ollas que pertenecen a dicho complejo y son del estilo llamado Mixteca-Puebla o Cholulteca. Se trata de un estilo que tuvo amplia difusión en Mesoamérica durante el período Postclásico.

LOS TARASCOS

La cultura tarasca destaca por el trabajo de los metales, en objetos de uso práctico como en objetos ornamentales. Aquí vemos pinzas que llevaban los sacerdotes colgados al cuello como símbolos de su rango y también las usaban para depilar el rostro. La otra foto es una máscara de Xipe Totec, de cobre con baño de plata. Está admirablemente modelada y con una notable expresión.

Izquierda. Pinzas de plata con adornos laterales en forma de espiral. Procede de Michoacán.

Derecha. Pinzas de cobre. Proceden de Apatzingán, Michoacán.

PLANO DE LA PLANTA ALTA

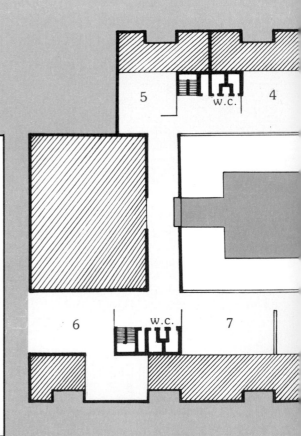

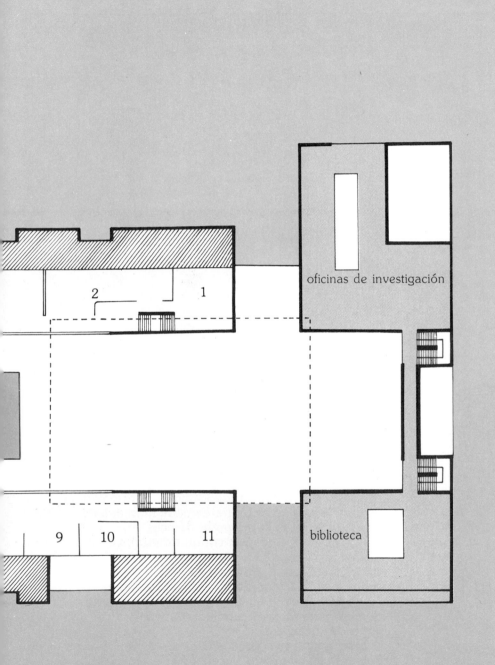

oficinas de investigación

biblioteca

2   1

9   10   11

1. INTRODUCCION A LA ETNOGRAFIA

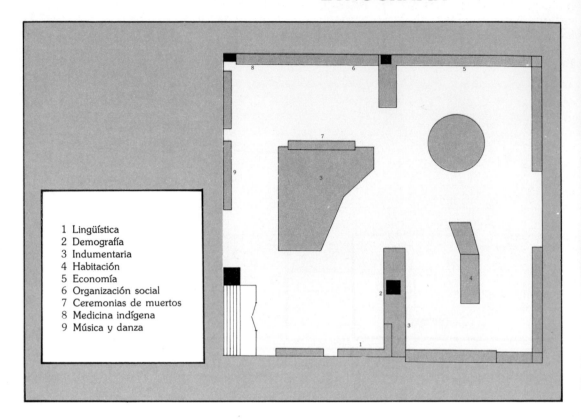

1 Lingüística
2 Demografía
3 Indumentaria
4 Habitación
5 Economía
6 Organización social
7 Ceremonias de muertos
8 Medicina indígena
9 Música y danza

En el México actual existen más de tres millones de indígenas que hablan cincuenta y seis lenguas diferentes. Estas se clasifican en cuatro grandes grupos; a saber: Joca-meridional, Oto-mangue, Nahua-Cuitlateco y Maya-Totonaco.

Los grupos indígenas se localizan principalmente en lo que fue la gran área cultural llamada Mesoamérica, asiento de las grandes culturas prehispánicas.

En el siglo XVI, con la conquista europea, la población indígena se ve sometida a una nueva estructura socioeconómica, que si bien contribuye en gran medida a resolver los problemas del conquistador obra en detrimento de la población nativa, la cual sufre, al mismo tiempo una serie de epidemias que la hacen disminuir de manera constante a lo largo de cuatro siglos.

En el presente siglo, los diversos grupos étnicos se encuentran en un proceso acelerado de cambio. Los jóvenes y una gran parte de la población económicamente activa emigra a las grandes urbes con la mira de elevar su nivel económico. Para desempeñar diversos empleos no calificados, los hombres se ven en la necesidad de entender el idioma español, con el consiguiente abandono de su lengua materna. El cambio más notorio es el que se realiza en la indumentaria que los distingue, ya que optan por dejar de lado su vestimenta tradicional.

PATRON DE ASENTAMIENTO

La distribución de las casas habitación y tierras de cultivo está determinada por la geografía del lugar. Así, encontramos tres tipos de asentamiento: a) *congregado*, cuando existe una traza y las casas se construyen una junto a otra; b) *semicongregado*, cuando las casas se alternan con huertos y milpas, y c) *disperso*, cuando por la geografía del terreno las construcciones se encuentran separadas unas de otras, o bien en los terrenos de cultivo. Del medio en que viven, los diversos grupos indígenas toman los elementos necesarios para la construcción de las habitaciones y sus anexos. Las habitaciones son generalmente de planta rectangular. Existen excepciones, como las casas de planta circular con techo cónico de la Huasteca. Las paredes de las casas se construyen de adobe o bajareque, aunque existen algunas cuyas paredes son de órganos, uno junto al otro, sin ventanas, como las de los otomíes de Toliman. Los principales

En el siglo XVI, después de la conquista española, la *tilma*, el *máxtlatl* y los ricos adornos masculinos desaparecieron; en tanto que el *huipil* y el *quechquémitl* femeninos persistieron.

Actualmente existen 56 grupos indígenas en el territorio mexicano. El *mapa* muestra las diferentes actividades económicas que realiza el indígena.

anexos de la habitación son cocina, troje, temazcal, corral y pozo.

ECONOMIA

El cultivo de maíz, frijol, chile y calabaza para el autoconsumo es lo más importante; algunos grupos se dedican, además, a la agricultura comercial del café, caña de azúcar, flores, plantas de ornato y frutales. En muchas de las regiones indígenas las técnicas agrícolas siguen siendo las de origen prehispánico; en otras, se ha introducido el arado tirado por yunta, y son pocas aquéllas donde se hace uso de la tecnología moderna. Ello se debe a los fragmentados terrenos de cultivo que se encuentran en pendientes pronunciadas y con tierras erosionadas donde las cosechas obtenidas son bajas.

ARTESANIAS

La elaboración de artesanías ha sido en los últimos años el complemento más importante para la economía indíge-

na. En muchas ocasiones la manufactura de productos artesanales es la principal fuente económica, como es el caso
de pueblos alfareros que mantienen las antiguas técnicas
de manufactura. Algunas artesanías tienden a desaparecer
por falta de materia prima y de mercado interno; los objetos
autóctonos se sustituyen por los de materiales plásticos, tal
es el caso de los juguetes y de la joyería.

En el proceso artesanal intervienen todos y cada uno de
los miembros de la familia. En algunas ocasiones el taller
familiar se ve enriquecido con elementos ajenos a la familia.

COMERCIO

La comercialización de los productos agrícolas y artesanales se realiza preferentemente el día del *tianguis*, aunque
en los últimos años se está dando el caso de que los intermediarios paguen al artesano antes de que el producto esté
terminado, o bien le proporcionan el dinero indispensable
para la compra de materia prima. De esta manera el produc-

Todos los grupos étnicos guardan
sus cosechas en *graneros*, que
construyen con materiales que
obtienen del medio en que viven.

133

tor se ve obligado a vender su producto agrícola o artesanal a bajos precios.

INDUMENTARIA

Uno de los aspectos que caracterizan a los grupos indígenas de México es su forma de vestir.

El "arte de tejer" ha sido, desde la época prehispánica, una actividad presente en la vida indígena; tanto el hombre como la mujer participan de ella. El hombre trasquila a los borregos para obtener la lana, siembra y cosecha el algodón, prepara los tintes y talla las diferentes partes de que se compone un telar de cintura. La mujer hila, urde y teje en ese maravilloso telar que ha usado desde la época prehispánica; repite formas y diseños, pero también crea. El hombre luce orgullosamente los gabanes, cobijas, cotones y "mangas" que elabora a partir de fibras naturales y que al mismo tiempo que lo protegen del frío lo identifican como portador de una cultura.

La vida moderna ha afectado significativamente la labor de las tejedoras: se han sustituido la lana y el algodón por las fibras sintéticas; los colorantes naturales como la grana y el extraído del caracol, por anilinas comerciales; los diseños tradicionales llenos de simbolismo, por bordados de las revistas, y las formas originales por el vestido.

La Conquista española estableció disposiciones acerca de la forma en que tenían que vestirse las indígenas; quienes solamente usaban un enredo y *quechquémitl* tuvieron que adoptar el uso de la blusa, principalmente por razones morales. El traje del hombre cambió rápidamente, la tilma y el *maxtlat* se sustituyeron por el calzón y la camisa de manta, prendas que actualmente están en un rápido proceso de desaparición; se adoptó el sombrero y se siguieron usando los huaraches, aunque los materiales con que se elaboraban se fueron modificando con el tiempo hasta llegar a los huaraches de suela de llanta y los zapatos de plástico.

En general, la mujer es más reacia al cambio; el *huipil* se conserva en muchas regiones; así como el enredo y la faja para detenerlo; pero estas formas coexisten con la blusa y la enagua, de clara influencia española, y con el rebozo.

CEREMONIAS DE MUERTOS

Las ceremonias de días de muertos revisten en México particular importancia. Se venera a las almas de los muertos y se les hacen ofrendas; estos actos han dado origen a ritos y ceremonias que llevan implícitas normas tradicionales que controlan la conducta de los individuos de la comunidad, refuerzan los lazos familiares, los de parentesco ritual y los de amistad.

Página siguiente. El proceso de elaboración de la *indumentaria femenina* indígena se inicia limpiando fibras como el algodón y la lana.

134

Al acercarse el mes de noviembre los campos se llenan de *cempoalxúchitl,* anunciando que todo debe arreglarse para recibir a los muertos, y se preparan la comida, las ofrendas, las velas, las flores, etcétera.

En los *tianguis* y mercados, la muerte se transforma hasta convertise en un juguete, en pan, en dulce, en múltiples objetos con los que jocosamente el mexicano se divierte, convirtiendo en fiesta un acontecimiento trágico.

Cada región de México tiene su forma particular de ofrendar y celebrar a sus muertos. En las comunidades indígenas, las ofrendas son colocadas en los altares familiares y se visita a los muertos en el panteón donde también se colocan ofrendas de flores o comida.

La ofrenda es la culminación de un ciclo que empieza con la muerte del individuo y continúa con las ceremonias relacionadas con el entierro y otras como la "levantada de la cruz" que se realiza en muchas poblaciones indígenas a los ocho o nueve días de la muerte.

En las ofrendas se encuentran una serie de elementos siempre presentes. En algunos casos se colocan en la ofrenda, fotos de los muertos y objetos que apreciaban en vida, como juguetes, ropa, utensilios de trabajo e instrumentos musicales.

Podemos concluir que en las fiestas del mes de noviembre la dualidad vida-muerte aparece indisolublemente ligada a la realidad del mexicano desde tiempos prehispánicos.

ORGANIZACION POLITICA Y RELIGIOSA

Muchos de los grupos indígenas de México conservan formas de gobierno y organización religiosa tradicionales; es decir, se rigen por normas diferentes a las del resto de la población mexicana, por lo menos en lo que se refiere a estos aspectos.

La organización política enlaza las normas nacionales y comunales, de manera que el Ayuntamiento es la institución que se superpone al gobierno indígena. El Ayuntamiento se integra por un grupo de funcionarios: el presidente municipal, dos regidores principales, dos regidores suplentes y un síndico. En algunas poblaciones el presidente municipal usa bastón de mando y otros símbolos de poder; su autoridad sólo queda supeditada a la suprema de los Principales o al Consejo de Ancianos, instituciones que aún subsisten.

En algunas ocasiones la organización política y religiosa se entrelazan de tal manera que los hombres, a través de su vida, tienen la obligación de pasar por una serie de cargos que se inician en el escalón más bajo de esta pirámide de jerarquías. Los topiles realizan diversas tareas que los van adentrando en el conocimiento de la organización; de acuerdo con su desempeño, pueden ascender al escalón de fiscal, y así hasta alcanzar el rango de mayordomo. Este último

se elige cada año y tiene como obligación primordial pagar la fiesta en honor del santo patrono de la comunidad. En algunas poblaciones las autoridades civiles y religiosas visten atuendos especiales en los días más señalados.

Cada una de las regiones de México tiene formas particulares para *ofrendar y celebrar a sus muertos.*

MEDICINA INDIGENA

En la época prehispánica existía la creencia de que las enfermedades eran causadas por los dioses, por influencia de los signos calendáricos en el día del nacimiento, por los hechiceros y por causas naturales.

Los hechiceros eran llamados *tlatlacatecolos* y se creía que sus poderes se originaban desde su nacimiento bajo un signo preciso del *tonalpohualli.* Todos los especialistas antes mencionados tenían un amplio conocimiento de las plantas, minerales y animales con virtudes curativas; conocían el uso de alucinógenos, como los hongos y la semilla de la Virgen, entre otros.

Asimismo, sabían de las invocaciones, "limpias", ritos, conjuros, ceremonias y oraciones que se hacían para los espíritus y las divinidades causantes de las enfermedades.

137

En la época colonial los colonizadores españoles fueron los portadores de los conceptos y prácticas de la medicina popular española. La consolidación del dominio español hizo necesaria la importación de fuerza de trabajo esclava, fundamental para el sistema de explotación colonial, por lo que se trajeron africanos. Estos grupos étnicos transportaron sus patrones y prácticas medicinales. Todas estas prácticas y conceptos integraron lo que algunos autores han llamado la medicina mestiza. Se piensa que este mestizaje se pudo dar debido a las similitudes en sus principios y en sus aplicaciones, de las medicinas indígena, española y africana.

En la actualidad los grupos indígenas de México poseen un conocimiento profundo de las plantas, animales y minerales, que emplean a través de diversos procedimientos en la curación de enfermedades; también usan alucinógenos: hongos, peyote, semilla de la Virgen y otros. Los alucinógenos son considerados sagrados, por lo que su ingestión es parte de un rito, que solamente los curanderos y chamanes conocen.

La causa de las enfermedades determina la forma de curación y ésta corresponde a las concepciones que tenga el grupo étnico.

La causa de la enfermedad puede ser: castigo divino, es decir, por ofensas a los dioses de la naturaleza los aires —los chanes o chaneques—, por el mal de ojo, el aire de los muertos, las caídas o impresiones fuertes, la ingestión de alimentos fríos o calientes y por brujería.

Cada grupo tiene su forma de adivinación, algunas de las cuales son tomar el pulso, pasar un huevo, por medio de los granos de maíz, interpretar los sueños quemando una corteza de árbol, o a través de los espíritus auxiliares, de libros medicinales y hasta de cartas españolas.

Hay diversos especialistas en la curación, como los sobadores, hueseros, parteras, yerberos, chupadores, hechiceros y chamanes. Pero sólo algunos de ellos saben usar las ceremonias y rituales que son necesarias para la curación.

En la curación se emplean yerbas de aire, huevos, succión de cuerpos extraños que se encuentran en el cuerpo, polvos de minerales o animales, así como ritos y oraciones.

DANZA Y MUSICA

Los grupos étnicos de México cuentan con una gran tradición en la música y la danza, que tiene sus raíces en la época prehispánica; más tarde, estas expresiones se vieron enriquecidas con aportes introducidos por europeos y negros en la época colonial.

En el México antiguo tenían lugar numerosas festividades religiosas y militares, acompañadas de música y canto. Actualmente, los indígenas realizan danzas en honor de sus antiguas deidades, aun cuando éstas se han disimulado con nombres del panteón católico. Danzas como el Volador, los Acatlaxquis, los Huahuas, los Tlacololeros y la Danza del Venado son supervivencias de la época prehispánica.

Los instrumentos musicales prehispánicos que aún persisten son el *huéhuetl, teponaztli,* sonajas de calabazos huecos rellenos de piedrecitas, el *chicahuaztli,* hecho de hueso con incisiones transversales, flautas de barro o carrizo y los *tenavaris;* a éstos se sumaron la guitarra, el violín, el arpa, la marimba y la jarana, instrumentos que enriquecen la música indígena actual.

Danzas prehispánicas que aún perviven como *El volador*, típica del centro de Veracruz.

139

SALA 2. CORAS Y HUICHOLES

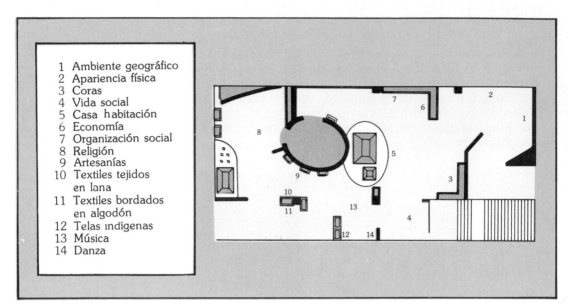

1 Ambiente geográfico
2 Apariencia física
3 Coras
4 Vida social
5 Casa habitación
6 Economía
7 Organización social
8 Religión
9 Artesanías
10 Textiles tejidos
    en lana
11 Textiles bordados
    en algodón
12 Telas indígenas
13 Música
14 Danza

Esta sala pretende mostrar al público sólo algunos de los rasgos esenciales de las culturas de los grupos indígenas cora y huichol, que se cuentan entre los más aislados y desconocidos de México.

EL AMBIENTE GEOGRAFICO

Tanto los coras como los huicholes habitan un ambiente geográfico de enormes montañas, profundas barrancas, abruptos acantilados y desfiladeros, valles y mesetas pequeñas; numerosos arroyos alimentan permanentemente los ríos que corren de norte a sur, infranqueables en la época de lluvias, aun en sus vados. En el área existen zonas de abundante vegetación, ricas en árboles maderables: robles, guanacaxtle, caoba, amapa, chicozapote, cedro rojo, etcétera, y algunos frutales: aguacate, durazno, guayaba, etcétera. La fauna incluye venados, iguanas y jabalí.

El clima es caluroso tanto en las zonas bajas como las cuencas de los ríos, a veces extremadamente, mientras en las partes más elevadas varía entre templado y frío.

UBICACION GEOGRAFICA

Las zonas cora y huichol se localizan en la confluencia de los estados de Jalisco, Nayarit, Durango y Zacatecas en la Sierra Madre Occidental; la primera, en la sierra de Nayarit, al norte del estado del mismo nombre, y la segunda, al oriente de este estado, al norte de Jalisco.

LA APARIENCIA FISICA

Respecto a los rasgos físicos y la personalidad, en general los coras son de estatura media, más bien lampiños, de facciones finas, recia personalidad, guerreros, pendencieros, de aspecto varonil y espíritu indómito e independiente, luchadores por su libertad. Fueron hábiles mercaderes, inclinados a vender en otras tierras productos como el mezcal, la jarciería (fibras, tejidos), la reventa de la sal y su ganado a los mestizos.

Los huicholes son más bien de estatura baja, pómulos salientes, pelo grueso liso y recto, color moreno, barba y bigotes casi nulos, vellosidad exigua en el tronco y los miembros, de gran resistencia física, personalidad agradable, generosos, comprensivos, hospitalarios. Poseen buen sentido del humor, lo que los hace de risa fácil y contagiosa cuando están en grupo; les causa risa todo lo que confunde al próji-

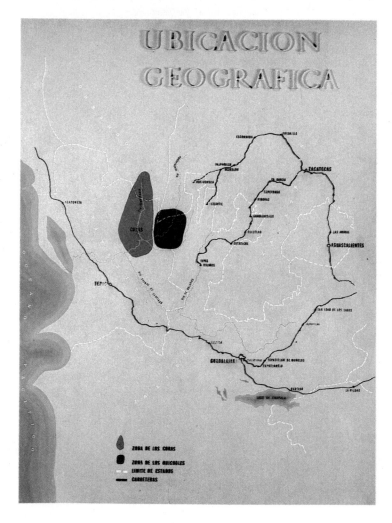

Las comunidades coras (naranja) se ubican en Nayarit, las *huicholas* (rojo) en Jalisco, ambas en la confluencia con los estados de Durango y Zacatecas.

141

Máscara de papel pintada con anilinas y adornada con fibras de cactus, usada en la danza de *La Judea*, durante la Semana Santa, entre los coras.

mo o le pone en ridículo o en posición embarazosa. A menudo montan pronto en cólera y se apaciguan al instante.

LA LENGUA

Desde el punto de vista lingüístico, las lenguas cora y huichol pertenecen a la familia pima-cora, del tronco yuto-nahua. Cada grupo cuenta con una población de aproximadamente 10 000 individuos. Según el censo de 1970, más del cincuenta por ciento de los coras eran bilingües en ese año, en tanto que cerca del sesenta por ciento de la población huichola era monolingüe y más del ochenta por ciento analfabeta. La mayoría de los huicholes habita en Jalisco, pero también se diseminan en algunas rancherías huicholas en los estados de Nayarit, Durango y Zacatecas.

ANTECEDENTES HISTORICOS

Varios autores suponen que tanto los coras como los huicholes descienden de grupos provenientes del noroeste.

Los coras se resistieron a la Conquista desde el momento que entraron en contacto con las tropas europeas de Francisco Cortés de Buenaventura, en 1524, y de Nuño de Guzmán, entre 1530 y 1531; nunca permitieron la entrada del ejército español a la sierra, rechazando también la evangelización. En el aislamiento de sus montañas, coras y huicholes permanecieron independientes durante dos siglos después de la Conquista de Tenochtitlán; fueron sometidos finalmente en el año de 1722, pero han opuesto una férrea resistencia a la penetración del cristianismo, así como al cambio y a todo lo ajeno y extraño. Esta actitud los ha caracterizado durante mucho tiempo, ya que han mantenido un fuerte apego a sus propios valores culturales, por lo que el proceso de aculturación ha sido poco intenso y han conservado en gran medida su cultura tradicional.

CORAS

La vitrina cora, exhibe algunos de los más destacados ejemplos de esta cultura; entre ellos destacan las máscaras

Entre los indígenas, *el traje huichol* es de los más vistosos. Presenta en sus bordados símbolos míticos que son plegarias.

143

zoomorfas, de papel y fibras de cactus, pintadas con anilinas y tierras naturales, utilizadas en la danza de la judea, que tiene lugar durante la Semana Santa, en la que se mezclan algunos ritos de transición que aún sobreviven ligados a las fases de desarrollo biológico del individuo, y cuya función consiste en integrarlo a la sociedad. Al amparo del drama de la Pasión, el jueves por la noche, los danzantes de la judea, desnudos, el cuerpo pintado con franjas de colores y cubiertos tan sólo por el calzón corto o braguero, bailan en círculo alrededor de la plaza con la cabeza baja, haciendo gestos; representan a los espíritus de la primavera que fecundan el crecimiento de plantas y animales. En seguida bailan la danza mágica de la tortuga, rito de simbolismo sexual o de iniciación a la pubertad que expresa el deseo de conservar la especie y asegurar la fertilidad de la tierra y la producción agrícola; se dice que cuando no hay mujeres presentes se quitan el braguero.

LA CASA HABITACION

La habitación del huichol, como la del cora, se construyen con materiales que proporciona el medio y de acuerdo con el clima. La vivienda huichola es de un cuarto, de planta rectangular, piso de tierra, paredes de adobe o bajareque, carece de ventanas, sólo tiene una puerta de acceso y el techo es de paja a dos o cuatro aguas. La del cora presenta algunas diferencias, pues muchas poseen techos de teja con corredor abierto; en Santa Teresa predominan las de madera. La habitación desempeña en ambos casos varias funciones, ya que son dormitorio, cocina y almacén. En muchos casos la cocina se construye por separado, además de otros anexos, como la troje montada sobre zancos, con techo de paja, llamada por los coras carretón o chipil, y que cuando no guarda maíz se usa temporalmente como dormitorio.

EL PATRON DE ASENTAMIENTO

Debido a lo accidentado del terreno, los asentamientos de la población se distribuyen por la sierra en pequeñas rancherías que, a su vez, se agrupan en centros ceremoniales que fungen como cabeceras político-religiosas-administrativas y donde viven solamente las personas que ejercen un cargo ceremonial; aquí existen varias chozas sin habitar que pertenecen a principales, quienes sólo las ocupan cuando llegan a celebrar asambleas, o bien actos cívicos o religiosos de interés comunitario. Estas reuniones y fiestas cumplen la función de promover la armonía y la cohesión social entre los miembros de la comunidad. Los centros ceremoniales coras son: Jesús María, Mesa del Nayar, Santa Teresa, San Francisco, Saycota, Rosarito, San Pedro Ixcatan, San Juan Co-

144

rapan. Los centros ceremoniales huicholes son: San Andrés Cohamiata, Santa Catarina Coexcomatitlan, San Sebastián Teponahuastlan, Guadalupe Ocotán y Tuxpan de Bolaños.

Generalmente la *habitación huichola* es de un solo cuarto, con una puerta y sin ventanas; el piso es de tierra, las paredes de bajareque y la techumbre de paja. Sirve para dormitorio, cocina y almacén.

ORGANIZACION SOCIAL

Al interior de cada una de estas comunidades existen autoridades civiles que tienen bajo su jurisdicción el mantenimiento del orden social; ellas son: un gobernador, un juez o alcalde, un capitán, un alguacil y varios topiles. También cuentan con autoridades religiosas propias que vigilan y dirigen todo lo relacionado con las deidades y su culto; en la jerarquía religiosa destacan el mayordomo y sus auxiliares para cada santo, además del *mara'akáme*, a quien se le atribuyen poderes sobrenaturales y el papel de ser un intermediario entre las deidades y el hombre.

Los huicholes observan una rigurosa endogamia de grupo, y el que se casa con algún miembro de un grupo extraño enfrenta el riesgo de perder la identidad y se le califica como un peligro para la unidad del grupo.

ECONOMIA

La economía descansa en el cultivo de maíz, frijol, calabaza, en tierras comunales de temporal. Puesto que el coamil o parcela es de suelos vegetales de delgado espesor, la producción es raquítica; además, las tierras se localizan en laderas inclinadas, por lo que se prepara la tierra mediante el procedimiento de la roza, y en las muchas tierras pedregosas se utiliza el espeque o coa de madera para la siembra. En los pocos terrenos susceptibles de barbecharse, se emplea el arado de madera y reja, tirado por bueyes. Su economía la complementan con la caza, la pesca y la recolección, cuyos productos refuerzan la dieta; además, algunos se dedican a comerciar con sus artesanías, y muchos venden su fuerza de trabajo en las plantaciones de tabaco, en el corte de caña o en otras labores agrícolas efectuadas en la costa de Nayarit.

LA RELIGION

La actual religión huichola es el resultado del sincretismo entre elementos prehispánicos y católicos. Donde muestra una fuerza mayor es en las prácticas religiosas tradicionales, basadas en un rico acervo de mitos, y en los cantares sagrados, que dieron origen a un panteón de numerosos dioses que lo mismo son los grandes astros, que animales ínfimos o el menor detalle de un fenómeno natural. El huichol recurre frecuentemente al mito y a la magia para satisfacer su necesidad de comprender los fenómenos. Para los huicholes, sus antepasados con semblanza de gente se transformaron en espíritus divinos, creadores, y después de hacer penitencia murieron al cabo de muchas proezas, desincorporando y regando los miembros de su cuerpo para permitir el nacimiento de los elementos de la naturaleza que aseguraran el sustento; es decir, le ofrecieron al hombre plantas, animales y frutos de la tierra. Esto implica para el huichol la obligación de corresponder a los dioses, y por eso les hace ofrendas. En el mundo huichol no existe la palabra dios, pues a las deidades se les denomina con términos rituales de parentesco: *Tatehuari*, dios del fuego, nuestro abuelo; *Tayau*, dios del sol, nuestro padre, etcétera. Según la ocasión, se les ofrendan *niericas*, flechas, jícaras, tablas votivas, *muvieris, takuatzi,* ojos de Dios, pequeños equipales tallados en cantera o construidos en mimbre, bules, incensarios, etcétera.

EL PEYOTE

Durante la celebración de ciertas festividades religiosas, como las ceremonias del ciclo agrícola, y para entrar en co-

Las *tablillas* y otros objetos
votivos expresan pasajes y
símbolos míticos, significan
peticiones de salud, bienestar,
lluvia, etcétera.

munión con las deidades, los huicholes ingieren *híkuri* o peyote (*Lophophora williamsü*), pequeño cactus de corona
ancha, plana y sin espinas, al que consideran sagrado y con
grandes poderes terapéuticos para el cuerpo y la mente.
El peyote es una planta alucinogénica tan compleja por las
substancias psicoactivas que contiene; más de treinta alcaloides se comportan distintamente, unos con propiedades
sedativas y soporíficas, mientras los otros aumentan la exci-
tabilidad refleja del sistema nervioso. Entre los alcaloides
principales se cuentan la peyotina, la lophophorina y la an-
halonidina, biodinámicamente activas, pero la mezcalina es
el agente básico que induce visiones, que incluyen no sólo
imágenes brillantemente coloridas y auras de débil resplan-
descencia que parecen rodear a los objetos del mundo
natural, sino también sensaciones auditivas, gustativas, ol-
fativas y táctiles, junto con sensaciones de falta de peso,
macroscopia y alteraciones en la percepción del tiempo y
el espacio.

LAS ARTESANIAS

Entre las artesanías de este grupo destaca todo lo relacionado con el vestido, oficio de tipo doméstico notable por
sus bordados y tejidos llenos de elementos simbólicos, en
los que se aplican variadas técnicas, diseños y colores. También reviste importancia el trabajo en chaquira realizado por
los hombres.

SALA 3. PUREPECHAS

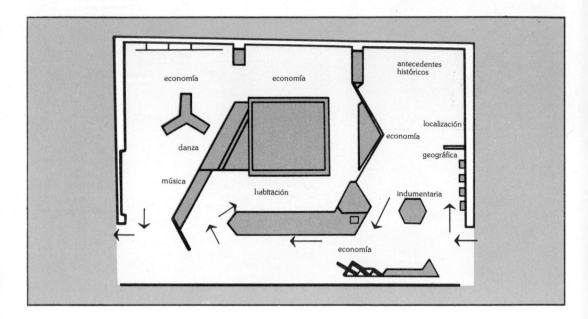

Dentro del estado de Michoacán, en la llamada Meseta Tarasca viven los purépechas o tarascos.

Existen dos versiones sobre el origen de su nombre: una indica que había un dios llamado Taras, del cual derivaron el nombre de tarascos, y la otra, que el término empleado por los indígenas para designar al parentesco de yerno o suegro de los españoles casados con mujeres indígenas era *tarhascue,* por lo que los hispanos les llamaron tarascos.

Actualmente, las poblaciones tarascas se distribuyen en tres zonas: la sierra, la cañada y los lagos. En el área del lago de Pátzcuaro, incluidas las montañas que lo rodean, se localiza la mayor parte de las comunidades purépechas, y un número menor habita en la cañada.

En cuanto a la lengua tarasca, los estudios lingüísticos han establecido un parentesco con otras lenguas mesoamericanas: totonaca, mixe, maya, pero es una relación muy remota. También se han observado lazos lejanos que la vinculan con el zuñi, de Estados Unidos, y el quechua, de América del Sur.

En la época de la Conquista, el Estado tarasco era una teocracia militar que se mantenía gracias a un extenso sistema tributario secular y militar, en cùya cabeza estaba el *cazonci* o gobernante supremo.

A la llegada de los españoles, los mexicas buscaron la alianza con los tarascos para combatirlos, pero éstos se negaron. Una vez vencidos los mexicas, Cristóbal de Olid, por orden de Cortés, se apoderó de Taximaroa en 1522 sin encontrar resistencia del último *cazonci* tarasco, Tzinzicha Tangaxoan.

Posteriormente, una vez establecida la sociedad colonial y sometidos todos los indígenas, la corona española agrupó a las poblaciones tarascas dispersas o diezmadas por las enfermedades en congregaciones vinculadas a monasterios-hospitales; comunidades religiosas donde cuidaban de los enfermos, los huérfanos y, en general, a los indígenas necesitados. Uno de estos hospitales fue el de Santa Fe de la Laguna, en el lago de Pátzcuaro, fundado por el primer obispo de Michoacán, el franciscano Vasco de Quiroga. Profundamente influido por las ideas utópicas de Tomás Moro, Quiroga promulgó en 1565 una serie de ordenanzas con el fin de definir la naturaleza de los hospitales franciscanos, encomendando a los frailes, entre otras tareas, que enseñaran oficios útiles a los indígenas, tanto hombres como mujeres

CACERIA

Una de las tradiciones de la época prehispánica que aún conservan los tarascos es la cacería de patos, que realizan

Entre las costumbres prehispánicas que conservan los purépechas está la *cacería de patos* usando fisgas y arpones. Con la carne de pato hacen tamales para ofrendar a sus muertos.

149

generalmente a fines del mes de octubre; con la carne de las aves elaboran las *corundas variches,* que son tamales para la festividad de los muertos. En este diorama aparece representada esa actividad, y en el panel del lado derecho se observan las fisgas, arpones y el *átlatl* que emplean los cazadores.

INDUMENTARIA

En cuanto a la vestimenta, los hombres han ido abandonando poco a poco la tradicional indumentaria indígena y visten ropa de fabricación industrial, al igual que la mayoría de los campesinos; sin embargo, en algunas comunidades del lago y de la sierra usan calzón y camisa de manta, faja tejida y sarape de lana, huaraches y sombrero.

La indumentaria de la mujer tarasca varía según el lugar. En la sierra y algunas poblaciones ribereñas, se compone de una falda que en la parte de arriba tiene una tira de tela en color fuerte, y en la parte inferior una cenefa del mismo material para protegerla del roce con el suelo. Está formada por pliegues unidos mediante una pretina. Esta prenda recibe el nombre de rollo y se sostiene a la cintura con la faja. Visten una blusa o guanengo de manta blanca, deshilada o bordada alrededor del cuello y hombros, la cual va metida bajo la faja. Se cubren con rebozos de algodón azul marino con rayas blancas o azul pálido.

AGRICULTURA

La actividad económica fundamental de los tarascos es la agricultura, incluso en las regiones donde la pesca es una ocupación importante, como en el área del lago y especialmente en las islas. Los cultivos principales son el maíz, el trigo, el frijol y la calabaza, junto con pequeñas cantidades de hortalizas y legumbres.

PESCA

La pesca es otra de las actividades económicas que realizan los pobladores de las zonas ribereñas del lago de Pátzcuaro; usan arpones, trampas y redes. En esta labor toman parte todos los miembros de la familia; las mujeres tejen las redes, los hombres y jóvenes salen a los lagos a pescar. Cuando la pesca es abundante, se venden los excedentes en el mercado.

HABITACION

En las zonas de la cañada y los lagos, la habitación es de piedra y adobe con techos de teja. En cambio, las casas

Página siguiente. Las mujeres que habitan en la sierra usan *falda larga plisada de lana, rebozo, faja.*

La manufactura de objetos de *cobre martillado* es una artesanía que se trabaja en Santa Clara del Cobre, hoy Villa Escalante.

Página siguiente. Las *danzas* están fuertemente vinculadas a las festividades religiosas; en muchos casos los danzantes cumplen una promesa ofrecida al santo patrón de su población.

en la sierra son de madera y se les conoce con el nombre de trojes.

ORGANIZACION ECONOMICA

La abundante cantidad de materias primas de la región hizo que cada uno de los pueblos tarascos se especializaran en determinadas ocupaciones para así explotar sus recursos; esta organización se practicaba desde la época prehispánica.

METALISTERIA

La abundancia del cobre hizo de los tarascos el pueblo mesoamericano que más usó los metales para fines prácticos.

En Santa Clara del Cobre, ahora Villa Escalante, se continúa trabajando el cobre martillado, aunque con fines totalmente comerciales. También trabajaron el oro y la plata.

Actualmente, el trabajo de la plata sólo se lleva a cabo en Pátzcuaro, Chilchota y Cherán, en donde se elaboran

3. Indumentaria para la danza de los Negritos. Uruapan.

153

Aun cuando los *textiles* de fibras sintéticas han sustituido a los tejidos de lana, en algunas comunidades se siguen elaborando estos tejidos en *telares de pedal*.

los rosarios que se obsequian a las recién casadas. La única población que aún trabaja el oro es Huetamo.

OTRAS INDUSTRIAS

En nuestros días, ya se han sustituido algunas artesanías por productos industriales. Existen poblaciones que conservan sus pequeñas industrias para completar sus ingresos, sobre todo las de los trabajos en madera, alfarería y tejido.

MADERA

Entre los trabajos en madera de la región se encuentra la producción de molinillos, floreros, polveras, juguetes como trompos y baleros, así como cucharas y cucharones labrados.

Tal parece que el laqueado de bateas o jícaras es una artesanía practicada por los indígenas desde la época prehispánica. Los objetos se cubren con una pasta semilíquida, que se produce mezclando la grasa de un insecto llamada axe y los aceites que se extraen de la semilla de la chía y del chicalote o linaza con dolomita; más tarde se pulen y pintan con diferentes técnicas. Este trabajo se conserva en Michoacán entre algunos artesanos de Uruapan, Pátzcuaro y Quiroga.

ALFARERIA

La alfarería se ha desarrollado en la meseta tarasca como una actividad económica. En algunas partes de la sierra existen minas de barro que abastecen a dos o más pueblos fabricantes de cerámica. Tal es el caso de los yacimientos de Patamban, explotados por los pueblos de San José de Gracia, Cocuchucho, Ocumicho y el propio Patamban. En la meseta hay talleres de alfarería en Tzintzuntzan, Santa Fé, Erongarícuaro, Patamban y otros pueblos.

TEJIDOS

Los tejidos de lana se confeccionan en Nahuatzen, Santa Clara, Paracho, Pátzcuaro, Zacapu, Parangaricutiro y San José de las Colchas. En Aranza se tejen rebozos y servilletas en telares de cintura con hilo delgado y empleando la técnica de "gasa". En Pichátaro y Uricho las servilletas son de algodón más grueso, llevan flecos de un solo lado y las adornan con chaquira, formando dibujos de animales, flores y grecas; a este trabajo le llaman "entorchado de chaquira".

Las fiestas forman parte esencial de la vida entre los tarascos. Entre las manifestaciones más importantes ligadas al calendario religioso están las dramatizaciones y los bailes.

SALA 4. OTOMIANOS

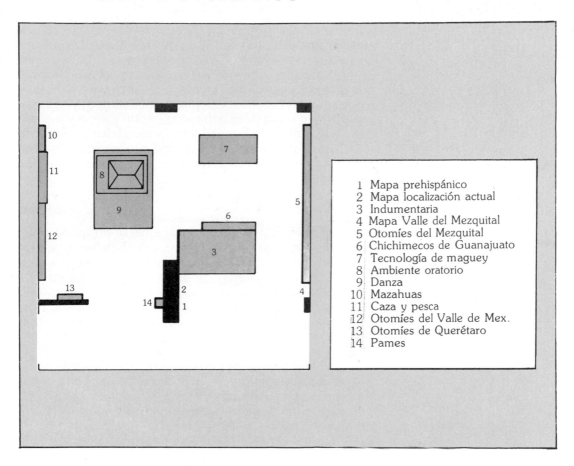

1 Mapa prehispánico
2 Mapa localización actual
3 Indumentaria
4 Mapa Valle del Mezquital
5 Otomíes del Mezquital
6 Chichimecos de Guanajuato
7 Tecnología de maguey
8 Ambiente oratorio
9 Danza
10 Mazahuas
11 Caza y pesca
12 Otomíes del Valle de Mex.
13 Otomíes de Querétaro
14 Pames

ANTECEDENTES HISTORICOS

El grupo lingüístico otomiano, a la llegada de los españoles en el siglo XVI, ocupaba una amplia y continua zona en el altiplano mexicano. Culturalmente se encontraba dividido en grupos opuestos: un grupo lo formaban hablantes de otomí, mazahua, matlatzinca y ocuilteca, de alta cultura mesoamericana; otro grupo, los chichimecas asociados a los cazadores recolectores del norte de México, y uno más, los pames, con características intermedias a los dos primeros.

LOCALIZACION

Actualmente los otomianos viven en los estados de México, Michoacán, Hidalgo, Puebla, Querétaro, Veracruz, San Luis Potosí, Tlaxcala y Guanajuato. Sus viviendas se localizan en los campos de cultivo o bien en las orillas de las cabeceras municipales; su rasgo principal es estar dispersas.

HABITACION Y MOBILIARIO

Las habitaciones presentan diferencias debido al clima y a los materiales disponibles de cada región; las paredes se construyen de adobe o ladrillo, techo de dos aguas cubierto con tejas rojas de barro. La habitación característica del Valle del Mezquital es la más pequeña de todas; se construye con piedra sobrepuesta a manera de cimiento y pencas de maguey en las paredes. Cuentan con anexos que se localizan dentro o fuera de la habitación, entre ellos están el granero y el oratorio. El mobiliario es reducido; para dormir lo más usual son los petates de palma o tule colocados directamente sobre el piso de tierra. Las cobijas son de manufactura local o doméstica.

INDUMENTARIA

La indumentaria femenina tradicional se compone de enredo, enaguas, faja, camisa o saco, *quechquémitl* y rebozo. Cada mujer de los diferentes pueblos tiene sus propios motivos decorativos y formas de llevar su indumentaria.

Las otomíes de Temoaya, en el Estado de México, usan el *huishu* de lana, hecho de cuatro lienzos unidos por una randa o encaje fino en lugar de *quechquémitl;* las mujeres mazahuas de Temazcalcingo, del mismo estado, bordan profusamente su *quechquémitl,* en tanto que las otomíes del Valle del Mezquital visten un *quechquémitl* de tejido doble; esto, le da la apariencia de tener dos vistas. La blusa es bordada en la parte de la bata y mangas, sus motivos decorativos pueden ser florales, geométricos o zoomorfos, hechos en un solo color o polícromos.

La indumentaria del hombre consiste en pantalón y camisa de manufactura industrial, aun cuando los de mayor edad portan calzón y camisa de manta. Sobre ésta, el gabán de lana y la cabeza cubierta con el sombrero de paja.

LOS OTOMIES DE HIDALGO

En el estado de Hidalgo, los otomíes habitan principalmente en el Valle del Mezquital, región semidesértica limitada al norte y noroeste por la sierra de Juárez; al este, la serranía que va desde el cerro del Fraile hasta el cerro del Aguila y la sierra de Actopan, al sur, por la serranía del Mexe, y al oeste, por la sierra de Xuthe.

El Valle está irrigado por el río Tula, cuyo principal afluente es el río de San Juan que nace en el estado de Querétaro. Se encuentran algunos arroyos de poco volumen como el Alfajayucan. Asimismo hay una serie de manantiales de aguas sulfurosas y termales entre las que destacan Ajacuba, Vito, Tepé, Calera, Dios Padre y Tolantongo.

En el presente siglo, para aliviar la carencia de agua en la agricultura, se construyeron presas como la Requena,

Endó, Recodo y otras, dividiendo el Valle en dos áreas. Una al sur, con quince municipios, que cuenta con riego; y la zona árida, con catorce municipios. En esta última zona se localiza el mayor número de hablantes de otomí.

ECONOMIA

El problema de la tenencia de la tierra es grave. El sistema de herencia y el reparto ejidal han fragmentado la tierra, de tal manera que un minifundio no puede sostener a una familia compuesta por cinco miembros o más. Lo que provoca que los pequeños propietarios y ejidatarios se convierten en jornaleros de sus propias tierras al rentarlas a los medieros, quienes tienen el capital suficiente para rentar y hacer producir las tierras de cultivo.

Producto fundamental en las actividades económicas y rituales del grupo es el maíz. En la zona de riego se siembra alfalfa, maíz, trigo, jitomate y chile. En esta área se cosecha más de la tercera parte de la producción agrícola del estado de Hidalgo.

La *familia lingüística otopame* formada por las lenguas otomí, mazahua, matlatzinca, ocuilteca, pame y chichimeca jonaz se asienta en los estados de México, Hidalgo, Michoacán, Puebla, Veracruz, Querétaro, San Luis Potosí y Tlaxcala.

157

El otomí del Valle del Mezquital deriva gran parte de su economía del *maguey*. De esta vigorosa planta obtiene elementos para construir su casa, fibras y productos alimenticios.

En la zona árida, por los bajos rendimientos de las cosechas, el otomí complementa sus ingresos explotando los recursos naturales a su alcance y con ellos produce artesanías, mismas que se generan dentro del grupo familiar. Entre las artesanías, la cerámica doméstica elaborada con técnica de moldeado presenta dos características bien definidas: la primera, de tradición prehispánica y decoración sellada, de una sola cocción, como las jarras de Chapantango; y la segunda, de dos cocciones, decoración pintada o vidriada, muestra elementos introducidos en la época colonial, como los sahumerios y cazuelas de Santiago Loma y San Pablo Oxtotilpan. Los trabajos hechos de carrizo, palma e ixtle son propios de la zona árida.

En la región del Mezquital, la manufactura de textiles sigue siendo de primordial importancia. Los hombres confeccionan gabanes y cobijas de lana en telares de pedal. Las mujeres continúan trabajando en el telar de cintura para elaborar *quechquémitl*, bolsas o morralitos con los tradicionales pájaros.

TECNOLOGIA DEL MAGUEY

El suelo árido y calcáreo con que cuenta la región hace que el indígena derive gran parte de su economía del maguey; planta lo suficientemente vigorosa como para subsistir en esta región. Desde tiempos prehispánicos los otomíes han utilizado al máximo esta planta.

Para lograr las preciadas fibras del agave que reciben el nombre de *ixtle* en náhuatl y *santhé* en otomí, el hombre,

158

armado de una tabla y de un tallador de madera con una pequeña cuchilla de hierro, coloca sobre la tabla la penca y presionando el tallador sobre ella inicia su trabajo, primero extrayendo la parte carnosa que recibe el nombre *xixi* hasta que las fibras quedan limpias. Cuando ha trabajado alrededor de treinta pencas, lo que representa una jornada de ocho horas, procede al lavado del ixtle con agua jabonosa o con agua de maíz; el objeto de este proceso es que la fibra pierda su acidez porque, de no lavarse, dañaría las manos de los hilanderos.

Una vez obtenida la fibra, el otomí —ya sea hombre, mujer, anciano o niño—, se dedica a hilar la fibra, tarea que será realizada caminando por la carretera, escuchando misa, en el mercado, en las fiestas religiosas, cuidando sus animales y aun en velorios. Cuando se tiene la suficiente fibra, la mujer inicia el tejido del ayate. Los ayates que se fabrican en la región van desde el más burdo, usado para los trabajos agrícolas o de carga, hasta los extrafinos; estos últimos no son comerciales, ya que constituye un orgullo el portarlos o regalarlos a las personas de más estima.

Del maguey también se obtienen elementos para construir la casa, así como productos alimenticios.

RECINTOS SAGRADOS

Para el otomí existe un recinto sagrado que denomina oratorio en español, *intimí* en mazahua, y *tinik* en otomí. Los oratorios se localizan en los terrenos de cultivo o en los de habitación. Cada oratorio, está dedicado a un personaje del panteón católico, siendo los principales la Virgen

La *danza* entre los otomíes es una mezcla de costumbres prehispánicas e hispánicas y se realiza por promesa en honor al santo patrono del lugar

María y el Señor de Chalma, los cuales están representados por las imágenes más comunes, colocadas en un altar que se encuentra al fondo del recinto. Cuando se llega la festividad del santo patrono del oratorio, el recinto se adorna con cruces de madera, guirnaldas de flores frescas o de papel, sahumerios y ceras, y un paño recién bordado.

DANZA

La danza, expresión plástica de las raíces de cualquier grupo, tiene entre los otomíes una mezcla de costumbres prehispánicas e hispanas dando al observador diversos matices que no pueden confundirse con los pueblos vecinos a ellos, pero que tienen ciertas semejanzas en cuanto a que los participantes lo hacen por promesas al santo patrono que se venera en el pueblo de su residencia. El danzante aporta el dinero necesario para sufragar sus gastos personales y de la confección de su vestido.

LOS MAZAHUAS

ECONOMIA

Los mazahuas que habitan al oeste del Estado de México tienen como actividad económica la agricultura del maíz complementada con la extracción de la raíz del zacatón; la cerámica de dos cocciones y la de alto fuego, así como el trabajo en plata, del que destacan los aretes y los collares con motivos zoomorfos y titomorfos. Las mujeres continúan confeccionando en el telar de cintura los *quechquémitl*, bordados profusamente. Dentro de la región se realizan artesanías con cinta de paja de trigo muy parecida a la de los tarascos.

LOS OTOMIES DEL ESTADO DE MEXICO

Aun cuando los avances tecnológicos han terminado con muchas de las lagunas que drenaban la región otomí del Estado de México, algunos indígenas en tiempo de lluvias se dedican a la pesca del acocil. Este crustáceo se vende en los días de *tianguis,* al igual que los tamales de pescaditos y carpas horneados, elementos que complementan su alimentación consistente en tortilla, chile y frijol. Para la pesca de acocil y pescado se utilizan las redes de cuchara.

Los otomíes del Estado de México se distinguen por sus famosos tejidos, en ayates de ixtle, como los que observamos en su vitrina correspondiente, así como el trabajo en hueso y cuerno; con esta última materia se confeccionan peines, aretes, pulseras, juegos de ajedrez y prendedores que se venden no sólo en el mercado de Toluca, sino también en las ferias que se realizan en diferentes partes de la República.

En nuestros días persiste entre los indígenas el uso de plantas y métodos curativos de la época prehispánica. Dichas

Los otomíes del Valle de Toluca-Ixtlahuaca utilizan *redes de cuchara* para la pesca del acocil. Sus instrumentos agrícolas como la coa y el arado se manufacturan con madera.

prácticas curativas se sobrepusieron a la de los conquistadores, ya que los mesoamericanos contaban con una herbolaria cuyas propiedades farmacológicas eran bien conocidas. Actualmente se han catalogado como analgésicos, ocitócicos, diuréticos y estupefacientes.

Ayer como hoy, el curandero indígena se encuentra imbuido de conocimientos sobrenaturales, así como de un metódico conocimiento herbolario. Para los indígenas las enfermedades no sólo son el desequilibrio orgánico del individuo, sino también la ira incontenible de dioses y ancestros. El desequilibrio orgánico puede ser causado en gran parte por la ingestión de alimentos fríos, calientes, frescos o pesados.

Entre los curanderos matlatzincas es común el uso de hongos alucinantes o "santitos", considerados sagrados por relacionarse con experiencias extraordinarias. Los hongos se comen crudos y sin limpiar en múltiples de cinco; antes de ingerirlos se sahúman y acompañan con azúcar o frutas. Tanto el curandero como el paciente ingieren al mismo tiempo "los santitos", los cuales diagnostican la enfermedad y sugieren el tipo de medicinas que han de emplearse en el tratamiento.

SALA 5. SIERRA DE PUEBLA

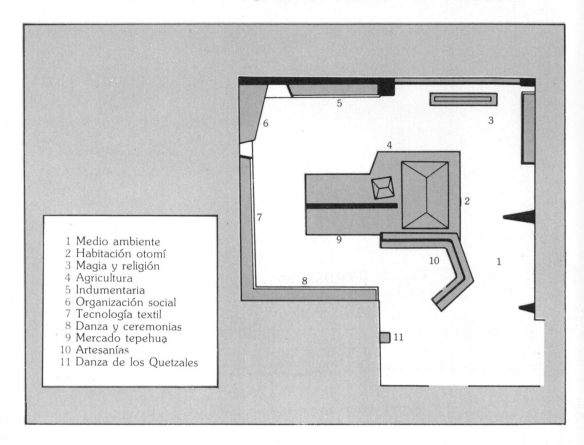

1 Medio ambiente
2 Habitación otomí
3 Magia y religión
4 Agricultura
5 Indumentaria
6 Organización social
7 Tecnología textil
8 Danza y ceremonias
9 Mercado tepehua
10 Artesanías
11 Danza de los Quetzales

Durante la época prehispánica, la Sierra Norte de Puebla pertenecía a Totonacapan, unido al señorío de Cempoala, y fue incorporada al imperio mexica con las conquistas de Tizoc y Ahuizotl. En el siglo XV emigraron a ella numerosos grupos nahuas, pertenecientes a dos culturas: los que hablaban lenguas náhuatl que llegaron del Altiplano Central y se asentaron en las cercanías de Huauchinango y Zacatlán, y los de lengua náhuatl que vinieron de lo que ahora es el centro y sur del estado de Puebla, y que se establecieron en Teziutlán, Tlatlauqui, Zacapoaxtla y Cuetzalan. Así, los nahuas quedaron ubicados en territorio totonaco.

ECOLOGIA

La Sierra Norte de Puebla que forma parte de la Sierra Madre Oriental, se inicia en el vértice de un ángulo en los municipios de Libres y Ocotepec; luego se abre al este y al oeste, abarcando después desde Chignahuapan, Zacatlán y Tulancingo hasta Teziutlán y Tlapacoya; al noroeste

Página siguiente. Las mujeres otomíes de San Pablito conservan su *indumentaria* de bellos y tradicionales diseños

se transforma en suaves lomas, hasta llegar al Golfo de México.

En tanto la vegetación de las zonas altas está integrada por coníferas, la de las zonas templadas se compone de encino, palo blanco y madroño, además de líquenes y epífitas propias del bosque tropical. La tala inmoderada de los bosques ha puesto en peligro esta zona, ya que ha deteriorado algunas áreas boscosas provocando así una rápida erosión de los suelos.

Los ríos más importantes son: Pantepec, Vizcano, Cazones y Necaxa, que forman abundantes saltos y cascadas. En esta región se localiza la planta hidroeléctrica de Necaxa, una de las más antiguas del país, que surte de energía a la ciudad de México.

La fauna es abundante, a pesar de la caza indiscriminada que ha extinguido especies como el tigrillo y el temazate; aun así, encontramos armadillos, tejones, roedores, reptiles y aves de bellos plumajes.

En la Sierra Norte, impresionante por su vegetación siempre verde y húmeda, habitan los nahuas o mexicanos, los totonacos, los tepehuas y los otomíes.

AGRICULTURA Y GANADERIA

Los cultivos agrícolas más importantes son: maíz, café, frutales y caña de azúcar. Sin embargo, los no indígenas son quienes controlan la distribución y comercialización de tales productos, de los que obtienen grandes ganancias; un claro ejemplo de ésto es el café.

Los principales cultivadores de este grano se localizan en Teziutlán, Xicotepec, Cuetzalan, Zihuateutla; casi todos son indígenas que viven en las pequeñas rancherías de estos municipios. Ellos transportan el grano en su forma natural, café "cereza", y lo venden a muy bajo precio a los intermediarios, quienes lo procesan y lo venden mucho más caro a los acaparadores; además, el precio del café está sujeto a las variaciones del mercado internacional.

Durante los últimos años también se ha comercializado la producción de manzana, naranja, limón, aguacate, papa y chile, aprovechando las carreteras que permiten llevar estos productos hacia los centros de comercio, como Huauchinango, Cuetzalan, Ahuacatlán, Xicotepec y Teziutlán. En muchas partes de la Sierra la transportación se efectúa a pie o a lomo de bestia, por lo que la arriería es muy importante.

Con la caña de azúcar que se cultiva en el noroeste de la región se elabora la panela y el refino, bebida alcohólica de la Sierra. En el municipio de Huauchinango existen pueblos que ahora cultivan plantas de ornato, cuyo mercado principal abarca Monterrey, Guadalajara y la ciudad de México.

En la *habitación otomí* observamos los utensilios domésticos que los indígenas emplean en la elaboración de los alimentos.

Hay actividad ganadera en Xicotepec de Juárez, Zacapoaxtla y Teziutlán. En esta última se efectúa una feria agrícola, ganadera, industrial, comercial y cultural, del 9 de julio al 6 de agosto. Sin embargo, la ganadería está en manos de los mestizos que cuentan con grandes potreros.

CAZA Y RECOLECCION

Los indígenas cazan tlacuaches, armadillos y aves; pescan bobos, truchas y acamayas; recolectan moras, quelites, yucas, hierbas. Todo ello forma parte de su alimentación, aunque también lo llevan a vender en los mercados semanales.

COMERCIO

Los nahuas acuden a los mercados de Zacapoaxtla, Huauchinango, Cuetzalan, Ahuacatlán, Teziutlán y Zacatlán; los totonacos, a Xicotepec y Papantla; los otomíes, a Tenango de Doria y Pahuatlán; los tepehuas a Mecapalapa, Huauchinango y Villa Juárez.

HABITACION

La habitación consta de un cuarto de planta rectangular, con techo de dos aguas; los materiales de construcción que utilizan varían de acuerdo con la zona geográfica y con la posición económica de los habitantes. Encontramos casas de adobe con techo de zacate, casas de piedra con techo de teja y casas de tablas o carrizo con techo de zacate. La casa otomí tiene un tapanco en donde se guardan las semillas e instrumentos de trabajo. Generalmente junto a las viviendas se construye el granero, hecho con troncos, donde se almacenan los granos de la cosecha.

TEMAZCAL

En el patio de la casa se sitúa al *temazcal*, baño de vapor de origen prehispánico, que aún se conserva pese a que durante la Colonia los frailes trataron de evitar su uso al notar su significado profundamente religioso. Actualmente se continúa hablando de un Dueño o Señora del *temazcal*, en cuya puerta se coloca una cruz o un arco de madera o de flores.

PAPEL AMATE

Los otomíes de San Pablito Pahuatlán, Puebla, elaboran papel de corteza de árbol con fines mágico-religiosos. En este lugar se venera al sol, al agua, al fuego, a la tierra, y se rinde culto a espíritus y "señores protectores". Los curanderos recortan en papel amate las figuras de los "señores"

La fibra de corteza de árbol, se coloca en una tabla, para que al golpearla forme la superficie del *papel amate*.

y espíritus, para así rendirles culto en las ceremonias llamadas "el costumbre", que tiene lugar en el monte, las cuevas y las fuentes donde residen.

Una de las ceremonias más importantes es la del bautizo de las semillas, que se realiza anualmente en la milpa para asegurar una buena cosecha. Las figuras recortadas de los espíritus y "señores" se utilizan también en los ritos de curación de enfermedades como el "aire" o el "susto".

La técnica prehispánica que se sigue usando en la elaboración de papel, consiste en poner a hervir en un perol con agua la corteza del árbol del jonote, agregándole cal o cenizas; la fibra se deja hervir de cuatro a seis horas, se saca y se lava; luego, colocan sobre una tabla las fibras una a una, formando una cuadrícula, y las golpean con un aplanador de piedra. Al golpear, las fibras se unen entre sí constituyendo la superficie del papel.

En 1950, los nahuas de Guerrero empezaron a pintar sobre hojas de papel amate. Estas pinturas tuvieron enorme éxito en el mercado nacional e internacional, originando una gran demanda. Para lograr satisfacerla, hombres, mujeres y niños de San Pablito se dedicaron a manufacturarlas con-

La mujer nahua carda e hila la lana para iniciar el largo proceso de la *elaboración de enredos y fajas*.

167

virtiéndose en la principal actividad económica de la comunidad. Por ello la fabricación de papel dejó de ser exclusiva de los curanderos.

INDUMENTARIA

La indumentaria en la Sierra Norte de Puebla es muy vistosa: las mujeres usan camisa, faja, enredo, *quechquémitl* y rebozo. Estas prendas poseen características particulares en los materiales, técnicas, colores y diseños, lo que permite diferenciar entre sí a nahuas, totonacas, tepehuas y otomíes.

Por ejemplo, el *quechquémitl* de las totonacas y tepehuas es de algodón o lana, tejido en telar de cintura y con una técnica de brocado en colores llamativos. El *quechquémitl* de las nahuas de Coacuila, Cuetzalan y Atla, es de algodón y se confecciona mediante una técnica de gasa; destacan los que muestran figuras de animales bellamente estilizadas. Las otomíes lo llevan de algodón y lana, bordados con colores y diseños tradicionales; en su parte inferior tienen una franja elaborada con técnica de tejido en curva, única en México.

El *quechquémitl* otomí lleva una franja de color púrpura elaborada con técnica de tejido en curva, única en México.

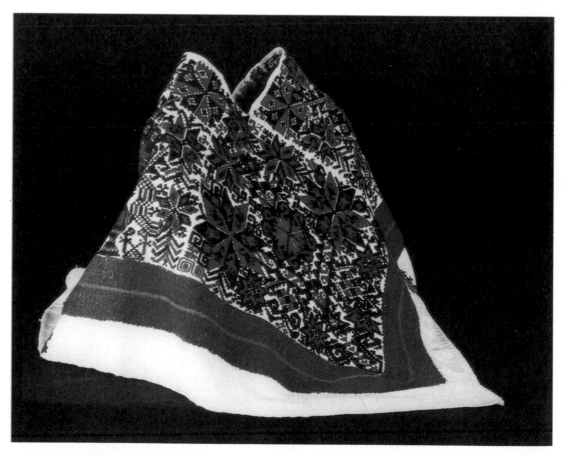

El *peinado de las mujeres nahuas* de Cuetzalan está formado por cordones de lana que se entretejen con el pelo para hacer un gran turbante, llamado *mastahual*, que se adorna con un fino *quechquémitl* de gasa.

Las camisas femeninas son de cuello cuadrado y solamente difieren en el bordado, que puede estar hecho a mano o, como, en el caso de las mujeres de Chachahuantla, a máquina.

El enredo puede ser de algodón o lana; las tepehuas lo adornan con bordados a máquina en la parte inferior.

Las fajas más notables son las que usan las tepehuas, de color azul con tejido doble.

La mujer nahua de Cuetzalan adorna su cabeza con el *mastahual*, tocado hecho con cintas de lana que enrollan sobre la cabeza formando una corona.

En algunas poblaciones de la Sierra, el telar de cintura ha dejado de usarse. El algodón y la lana se han sustituido por las fibras sintéticas, por lo que ahora los indígenas usan telas industriales para confeccionar su indumentaria.

Los hombres todavía usan camisa y calzón blanco en algunos lugares, así como cotón y gabán.

ORGANIZACION RELIGIOSA

La mayordomía, organización que permite celebrar el ciclo anual de las fiestas, está compuesta por los mayordomos

Los tótonacos y tepehuas llevan al *mercado* el producto de largas horas de trabajo.

Página siguiente. *La Danza de los Quetzales*, que se destaca por sus vistosos penachos, se baila en las festividades indígenas. Es probable que en su origen tuviera un significado agrícola-astronómico.

y sus topiles o esquineros. Entre los nahuas de Tlaola, la mayordomía más importante se realiza el 24 de agosto. El mayordomo saliente y su esposa conducen las imágenes religiosas y los bastones de mando hacia la iglesia, entre copal, música y cohetes. Los mayordomos entrantes aportan la ofrenda, que consiste en vasijas de barro con tepache, chocolate, agua, canastos con pan, ceras y flores. El sacerdote católico celebra la misa y, al terminar, los curanderos "limpian" a los mayordomos con flores y veladoras. Cuando finaliza la ceremonia, todos los asistentes, adornados con collares y coronas de flor de *cempoalxúchitl,* danzan la *xochipitzahua.*

En la Sierra Norte de Puebla, las danzas indígenas encierran siempre un fuerte carácter religioso. El danzante se compromete con la "promesa" de bailar el día de la fiesta del santo patrón, si éste le concede salud o una buena cosecha.

Una noche antes de casi todas las danzas se preparan ofrendas y dicen oraciones, mediante las cuales los curanderos "limpian" a los danzantes. Las danzas que más se bailan son las de los Negritos, Quetzales, Voladores, Santiagos y Acatlaxquis.

SALA 6. OAXACA

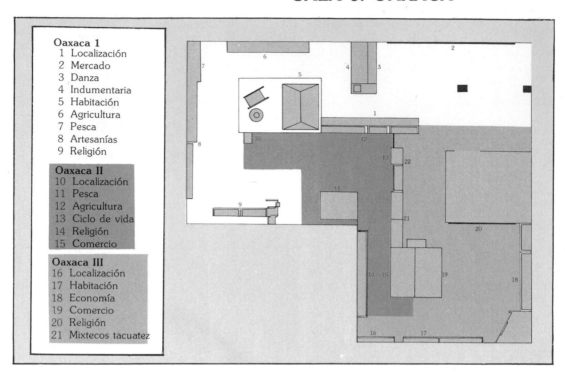

Situado al sur de la República Mexicana, el estado de Oaxaca se caracteriza por su geografía sumamente montañosa donde existen diversos climas en reducidas extensiones. La hidrografía se distingue por sus corrientes rápidas. Este característico ambiente geográfico, ubicado en la región ístmica de México, ha sido y es asiento de grupos humanos que muestran una gran diversidad étnica y cultural.

La diversidad cultural y las condiciones geográficas, entre otros factores, han dificultado la delimitación régional. Sin embargo, así como se señalan diferencias, existen semejanzas compartidas por las numerosas comunidades en todo el estado. En esta perspectiva, la caracterización de los grupos indígenas oaxaqueños se da en varios niveles. Uno de ellos, el más ampliamente conocido, es el que cuantifica a los grupos con base en sus lenguas; conforme a tal criterio, de mayor a menor importancia se tienen los siguientes grupos: zapotecos, mixtecos, mazatecos, mixes, chinantecos, chatinos, chontales, cuicatecos, huaves, zoques, triques, nahuas, chochos, amuzgos e ixcatecos.

Por otro lado, intentos de clasificación regional recientes, subdividen a Oaxaca en áreas que se incluyen en divisiones más amplias. Así, esquemáticamente, en la sala permanente sobre Etnografía de Oaxaca en el Museo Nacional de Antropología, se subdivide al estado en tres "regiones"·

1. La región zapoteca, que incluye a dos grupos minoritarios que son los chontales y huaves.

2. La zona de los grupos del norte de Oaxaca que integra a poblaciones mixes, chinantecos, mazatecos y cuicatecos.

3. La región mixteca, que comprende cinco grupos más: chocholtecas, ixcatecos, triques, amuzgos y chatinos.

LA VIVIENDA

Pueden señalarse aspectos comunes en las tres regiones; por ejemplo, las formas de asentamiento de las poblaciones son dispersas. En las rancherías o localidades que circundan las cabeceras municipales, tienen una mayor concentración, lo que se acentúa en las poblaciones de mayor importancia.

Las casas varían en cuanto a forma y materiales usados en su construcción; sin embargo, en las poblaciones dispersas es posible ver viviendas tradicionales que se levantan en una planta cuadrangular con paredes de tablas o varas, a veces con embarre de lodo (bajareque), según se trate de lugares montañosos o sitios bajos y cálidos. Asimismo,

El *Redondo* o vivienda de paredes cilíndricas y techos cónicos son construcciones típicas de muchas familias en la Mixteca de la costa.

los techos de dos o cuatro aguas son de tablas, de palma u otro material abundante en la zona.

De estas formas tradicionales sobresalen las casas de algunas familias en pueblos mixtecos y mestizos de la costa, conocidos como "redondos" que tienen planta circular, paredes cilíndricas en bajareque y techos cónicos de palma.

ECONOMIA

Es común que la población indígena oaxaqueña, bajo el régimen de propiedad privada, ejidal y sobre todo comunal, base su economía en el trabajo agrícola y actividades complementarias como la recolección, la pesca, las artesanías y el trabajo asalariado. La productividad agrícola, en el cultivo básico del maíz, frijol y calabaza, se supedita a la extensión y a la aridez de la tierra que se da en mayor proporción. Son muy reducidas las áreas planas con cierta irrigación, en las cuales aumenta la productividad. En los climas cálidos se llegan a cultivar ciertos productos comercializados como la caña de azúcar, el tabaco, el café y algunos frutales.

La tecnología agropecuaria varía en relación con las zonas montañosas que ocupan la mayor extensión y con las reducidas áreas planas. En las primeras subsisten instrumentos como la coa y otros de uso manual, en tanto que en las zonas planas se usa el arado y en menor proporción el tractor.

En las condiciones actuales, la mayoría de las familias realizan diversas actividades en forma alternativa para lograr tan sólo una economía de subsistencia. Aparte de los cultivos mencionados, se practica la recolección y el cuidado de animales domésticos (gallinas, cerdos, equinos y vacunos). Existe asimismo el empleo de actividades salariales estacionales, sobre todo en Sinaloa y Veracruz, a donde emigran quienes están en condiciones de hacerlo, para ocuparse del corte de caña y jitomate respectivamente: también emigran a las ciudades a ocuparse como peones de albañil, boleros y otros empleos del nivel terciario.

En ciertos lugares se practica la pesca y se elaboran artesanías. De éstas, destacan los productos textiles, sobre todo de la indumentaria femenina, que en cierta medida se han comercializado.

COMERCIO

Las relaciones comerciales en los días de plaza o *tianguis* semanarios, sobre todo los de las poblaciones mestizas, constituyen acontecimientos económicos en las diversas zonas, debido a que propician la concentración de gran cantidad de productos traídos de diversos rumbos y por variados grupos étnicos.

Una de las danzas más hermosas en México la constituye la *Danza de la Pluma* que se organiza entre zapotecos y mixtecos en el valle de Oaxaca.

RELIGION

Las celebraciones rituales y festivas, organizadas a través de las mayordomías que celebran el culto a las imágenes y advocaciones católicas en los templos familiares y comunales, son de gran importancia. Asimismo, tienen relevancia las celebraciones como los onomásticos, bautizos, confirmaciones, casamientos, etcétera.

En tales celebraciones es común que se lleven a cabo bailes de salón, jaripeos y eventos deportivos. De éstos, entre los zapotecos del valle y mixtecos de la sierra persisten las competencias de "pelota mixteca", que constituyen una reminiscencia de los juegos prehispánicos.

Un hecho que está cambiando la organización religiosa tradicional constituye la aparición de grupos protestantes en las diversas comunidades indígenas y mestizas. Este adoctrinamiento está fomentando la división de las poblaciones y propiciando la desintegración de la cultura indígena.

ESTRUCTURA POLITICA

En cuanto a la organización política, la estructura de cargos se sujeta al régimen del Ayuntamiento, pero con ciertas reminiscencias de la cultura indígena prehispánica. Tal es el caso de los cargos de los topiles o policías que aún persisten como funcionarios de menor rango.

REGION ZAPOTECA

Los zapotecos tienen su asiento en los valles centrales, donde se ubica la ciudad de Oaxaca, capital de la entidad; y se expanden por la Sierra Juárez y hacia el sur de los citados valles por el municipio de Pochutla, en donde colinda con los chatinos y se entremezclan con poblaciones negroides y mixtecas. Finalmente, los zapotecos ocupan el Istmo de Tehuantepec, donde conviven con chontales y huaves

De exuberantes bordados multicolores sobre terciopelo negro son el *huipil* y la *falda* que integran el *Vestido de Fiesta* de la zapoteca del istmo.

tanto como mixes y zoques en poblaciones limítrofes; estos grupos han sido ampliamente "zapotequizados"

Conforme al censo de 1980, los hablantes de zapoteco, que suman 347,006 individuos, ocupan el primer lugar entre los indígenas de Oaxaca. De ellos, diecisiete por ciento son monolingües y el resto bilingües. Así, los zapotecos son quienes se expanden más en el estado.

ARTESANIAS

Destacan por su mayor comercialización los productos artesanales del valle, como la cerámica verde de Santa María Atzompa, la negra de San Bartolo Coyotepec y la roja de San Marcos Tlapazola; o bien los sarapes de Teotitlán del Valle, las fajas de Santo Tomás Jalieza, los cestos de San Juan Guelavía, los metates de Magdalena Teitipac y los productos de piel y hojalata elaborados en la ciudad de Oaxaca. Debe mencionarse también la indumentaria de San Vicente Lachixio y de San Antonio, entre los zapotecos del sur; los vestidos de Yalalag y de Betaza, de los zapotecos serranos; y el vestido femenino del Istmo.

RELIGION

Con motivo de las creencias del culto católico y de las celebraciones familiares del ciclo de vida, se realizan cuantiosos gastos en el pago del ritual y las festividades. En ello, son singulares los acontecimientos de la víspera del culto comunal cuando se llevan a cabo las calendas o "paseos" con carros alegóricos y la participación de mujeres solteras, quienes portan en la cabeza hermosos adornos florales. Es notable además la práctica de la danza: en el valle son característicos la danza de "la Pluma", la danza de "Jardineros" y las comparsas de "Viejitos".

INDIGENAS DEL NORTE DE OAXACA

Hacia el norte de Oaxaca, de poniente a oriente, sobre la Sierra Madre Occidental, y abarcando algunas partes de la vertiente del Golfo, además de ciertas planicies del

El *vestido femenino* chinanteco, mixe y mazateco constituye una de las características culturales distintivas entre los indígenas del norte de Oaxaca.

Canoas, balsas, redes de medio arco, chinchorros, atarrayas y nazas o trampas, son implementos tradicionales para la captura de peces entre los pueblos indígenas del norte de Oaxaca.

Istmo de Tehuantepec, habitan cuatro grupos étnicos: los cuicatecos, los mazatecos, los chinantecos y los mixes, los cuales, atendiendo al número de hablantes de la lengua indígena según el censo de 1980, suman, 13,338; 107,757; 66,811 y 69,476 individuos, respectivamente. Además, a excepción del mixe, que pertenece al tronco lingüístico zoque-maya, los otros tres son de la familia lingüística otomangue.

PESCA

La actividad pesquera constituye un aspecto distintivo de los grupos del norte de Oaxaca, sobre todo en localidades por donde atraviesan corrientes de agua como es el caso de Usila en el área chinanteca. En esta población, la tecnología pesquera tradicional se integra de balsas, canoas, remos, pértigas y diversos tipos de redes, entre los que se cuentan el chinchorro, la atarraya y la red de "medio arco". La primera se distingue por su forma rectangular y por su tejido en malla con plomos, cuyas dimensiones alcanzan veinticuatro metros de largo y de dos a cuatro metros de ancho. La manejan tres o cuatro pescadores y se destina a la captura de peces de mayor tamaño, como el pez bobo.

Por la pesca se han desarrollado prácticas culinarias como el "caldo de playa", preparado por los propios pescadores en las márgenes de los ríos.

La construcción de presas, concretamente en las zonas mazateca y chinanteca, es un hecho importante de destacar por su efecto destructor de las condiciones económicas y sociales indígenas. Nos referimos a la presa "Miguel Alemán", construida en 1954, y a la presa "Cerro de Oro",

Bules y jícaras constituyen unos de los objetos de uso doméstico entre los mixtecos costeños.

que se construye actualmente para regular las avenidas del río Santo Domingo.

RELIGION

Respecto a las creencias religiosas, perduran aspectos pre-hispánicos como el culto a ciertos elementos de la naturaleza como los ríos, montes y cuevas, a los que se considera dotados de poderes sobrenaturales que el hombre trata de controlar para su propio beneficio. Se suman a estas creencias las que se dan en torno a los santos católicos, en cuyo ritual, llevado a cabo por las mayordomías, se presentan como complemento indispensable, conjuntos musicales y grupos de danza. Al respecto se distinguen las comparsas de "Viejitos" que se organizan en pueblos mazatecos y chinantecos, en tanto que en las localidades mixes predominan las danzas de "La Conquista" y otras variantes de "Moros y Cristianos", así como la de "Negritos" y las danzas de "El Tigre".

Página siguiente. Entre la indumentaria masculina de mayor colorido en Oaxaca se tiene la del *Mixteco Tacuate* que contiene bordados en figuras de animales y plantas propias de la región

Sobresalen también las costumbres en torno a ciertas creencias mágico-religiosas, como las relativas al consumo del *teonanacatl* u hongo alucinógeno como parte de un sistema terapéutico que se sigue en la cura de ciertas enfermedades tradicionales, entre las que se cuenta la "pérdida del alma o del espíritu" que se origina cuando una persona se espanta en algún lugar. Por este hecho, el "dueño del lugar" se posesiona del alma del individuo, la cual puede serle devuelta con la ayuda de un curandero.

REGION MIXTECA

Debido a las características geográficas y culturales, la mixteca ha sido motivo de varios intentos de regionalización; su expansión en Oaxaca se caracteriza en tres subregiones: la Mixteca Baja, la Mixteca Alta o de la Sierra y la Mixteca de la Costa. En cuanto a las comunidades mixtecas de Puebla, se les sitúa como una prolongación de la Mixteca Baja, en tanto que a los pueblos mixtecos de Guerrero, en su intersección con localidades nahuas y tlapanecas, se sitúan en la llamada Mixteca-Nahua-Tlapaneca o Región de la Montaña.

En la región mixteca, que comprende más o menos 40 mil kilómetros cuadrados, habitan, desde luego, hablantes de mixteco en sus diversas variantes y población mestiza hablante de español originada por la mezcla de europeos, indígenas y grupos negroides asentados en mayor proporción en las zonas costeras desde la época colonial. Aumentan el mosaico étnico grupos minoritarios como triques, chocholtecas, amuzgos y hablantes de nahua sobre todo en Guerrero donde se entremezclan con hablantes de mixteco y tlapaneco.

ARTESANIAS

Del trabajo artesanal destacan los textiles y la cerámica. De los primeros, las prendas femeninas en general son notables y el vestido masculino de los tacuates. La alfarería de Santo Domingo Tomaltepec y Santa María Cuquila, en la Mixteca Alta; Jamiltepec y Coicoyan de la Flores, en la Mixteca Baja; y San Gregorio Silacayoapilla, en la Mixteca Baja.

Los productos de palma se tejen en cuevas bajo la tierra, donde la humedad ambiente ablanda la materia prima y facilita el tejido.

RELIGION

A los santuarios, cuando menos una vez al año, acuden grupos de peregrinos a cumplir mandas o promesas y a realizar "pedimentos" formulados a través del ofrecimiento de escritos, objetos personales (retratos, pelo, *ex-votos*, etcétera) y figuritas modeladas de barro con que se formulan los deseos a la deidad para obtener bienes y lograr la cura de enfermedades.

SALA 7. GOLFO DE MEXICO

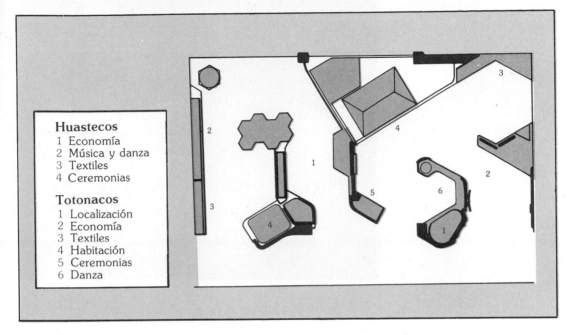

Huastecos
1 Economía
2 Música y danza
3 Textiles
4 Ceremonias

Totonacos
1 Localización
2 Economía
3 Textiles
4 Habitación
5 Ceremonias
6 Danza

TOTONACOS

Los totonacos se localizan a lo largo de la planicie costera del estado de Veracruz, donde podemos distinguir dos asentamientos importantes: los totonacos de la región de Papantla y los de la región de Jalapa-Misantla.

Predomina el clima tropical con lluvias en verano, aunque en poblados situados a mayor altitud, como los de Jalapa, las heladas son frecuentes en el invierno.

La región totonaca está delimitada por el río Cazones al norte y el de la Antigua al sur. Otros ríos importantes de la zona son el Tecolutla, el Actopan, el Misantla y el Tecuantepec.

El idioma totonaco pertenece al grupo maya-totonaco, tronco totonaco, familia totonaca. Existen variantes dialectales, lo que ocasiona que algunos de ellos no pueden entenderse entre sí. Estas diferencias se dan principalmente entre los de la zona de Papantla y los de Jalapa-Misantla.

El maíz, la caña de azúcar y la vainilla son los principales cultivos de la región. Para la siembra del maíz se sigue la técnica de roza y se realiza durante los meses de primavera para sembrar de inmediato y poder así tener dos cosechas al año.

La importancia económica de la vainilla colocó a los indígenas de la zona totonaca en una situación bastante desahogada en comparación con la de otros indígenas. En épocas recientes el cultivo de la vainilla ha decaído, siendo frecuen-

tes los robos en los vainillares y el abandono del cultivo de esta planta.

Algunos totonacas acostumbran vivir en sus propias parcelas, pero en general todos los poblados mantienen sus casas reunidas, siendo el monte el que limita las poblaciones. En la región de Jalapa las casas están casi pegadas unas con otras formando calles bien trazadas. En el centro de la población se localizan los edificios públicos.

INDUMENTARIA

En la zona de Papantla el traje femenino es blanco, de organdí bordado y consta de una enagua con jareta, blusa, *quechquémitl* y pañoleta. En la región de Jalapa son muy pocas las indígenas que conservan el traje tradicional.

La indumentaria masculina consta de calzón y camisa de manta o popelina muy fina; algunas jóvenes usan camisa de colores brillantes. En la región de Jalapa-Misantla los hombres han perdido la tradición de la indumentaria adoptando el uso de pantalón y camisa de corte industrial; además usan botines, sombrero de palma, machete y morral.

HABITACION

La casa totonaca de la zona de Papantla es de planta rectangular, techada con zacate, palma u hoja llamada misanteca. Las paredes se construyen con palos verticales y algunas están revestidas de lodo; la casa generalmente consta de una sola habitación que hace las veces de cocina, come-

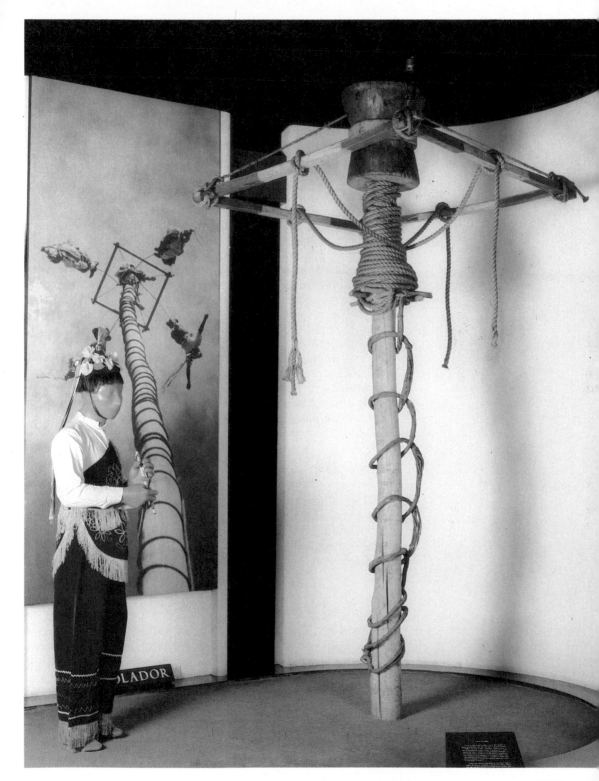

dor, dormitorio y sala; en algunos casos se construye un anexo separado para cocina. En todas las casas se encuentran altares domésticos, en los que colocan santos e imágenes de la devoción familiar; en la zona de Jalapa es común el uso de tapanco para almacenar el maíz.

En la región de Papantla se explota la abeja nativa, cuyos panales se encuentran en troncos ahuecados o en ollas. El tronco que contiene la colmena se cuelga en la pared exterior de la casa, procurando que quede en la sombra. Con la cera se elaboran velas.

CEREMONIAS RITUALES

A los ocho días del nacimiento de un niño se celebra una ceremonia en la que se trata de ganar el favor de las *nanitas* o doce mujeres antiguas. Se prepara un tamal especial que colocan junto con otros alimentos, licor y cuatro velas sobre un cajón de madera que hace las veces de mesa. La partera sahúma con copal todos los objetos relacionados con el parto. Al terminar la ceremonia se hace un envoltorio con el tamal y otros objetos y, acompañada del padre. la partera va a dejarlo en el monte.

En Papantla, cuando muere una persona se le coloca sobre una mesa y en las manos se le pone una vela encendida; después se acomoda en la caja con doce tortillas en miniatura y un carrizo con agua. Se celebran ceremonias durante los nueve días siguientes a la muerte, a los ochenta días y al año.

DANZAS

Las danzas constituyen una de las expresiones tradicionales más características de los totonacas. En las principales festividades religiosas se celebran varias danzas, entre las que destacan la del "Volador", "Guaguas", "Tocotines", "Huehues", "Santiagueros" y "Moros y Cristianos".

HUASTECOS

Este grupo se localiza al norte del estado de Veracruz y al oriente de San Luis Potosí. Habitan un territorio plano, a excepción de algunas elevaciones que se internan en el estado de Veracruz, como prolongaciones de la Sierra Madre Oriental; predomina el clima tropical lluvioso y los ríos principales de la región son el Pánuco y el Tamesí.

El idioma huasteco pertenece a las lenguas mayances de la familia lingüística Maya-Quiché.

La tenencia de la tierra en la Huasteca es una compleja combinación entre la propiedad comunal y privada.

AGRICULTURA

Los cultivos principales para el autoconsumo son maíz, frijol, calabaza, yuca, camote; de tipo comercial, caña de azúcar, zapupe, piña, plátano, naranja, mango y café.

Se elabora el piloncillo moliendo la caña de azúcar en trapiches de madera con tracción animal. El líquido escurre en vasijas de madera y se drena en cazos de cobre; cuando ha hervido cuatro o cinco horas, se vacía en moldes de barro para que endurezca.

TECNOLOGIA

Para la preparación del zapupe, que es una fibra parecida al henequén, se cortan las hojas y se pasan por una desfibradora para quitarles la pulpa. A la fibra se le da una vuelta alrededor de un palo que sirve de asa y se pone a secar en una plataforma. Las fibras se tuercen en una manivela de origen español llamada *tarabilla* o *taranga*, lo que permite obtener reatas y sogas. Tambien del zapupe se elaboran morrales y otros objetos. Para tejerlos se emplea el telar de cintura.

Las mujeres de la Huasteca tejen en *telar de cintura*, paños ralos de una fibra llamada zapupe con los que elaboran morrales y otros objetos.

En la Huasteca habita un importante núcleo de población nahua. En Chililico, Hidalgo, la fabricación de la *cerámica* es la actividad más importante y de las manos femeninas salen cántaros ollas y juguetes de variadas formas y tamaños.

La industria del sombrero es muy importante en toda la zona. La distribución de los sombreros es muy amplia no sólo en la zona huasteca sino también en los mercados regionales del país.

COMERCIO

Cada cabecera municipal tiene un día de mercado a la semana. Los hombres y las mujeres venden tanto los productos que han elaborado como productos agrícolas; las mujeres generalmente se encargan de la venta de fruta y tamales.

ALFARERIA

La alfarería es la actividad más importante en la población nahua de Chililico, cercana a la ciudad de Huejutla.

HABITACION

La casa tradicional de los huastecos es redonda con techo cónico, algunas veces sellado con una olla de barro colocada al revés para proteger el interior de la lluvia; el techo es de palma.

MUSICA Y DANZA

Los huastecos conservan una tradición musical, junto con algunos instrumentos antiguos como la sonaja, la flauta, el tambor, el *teponaxtli* y el resonador; usan el arpa, el violín y la guitarra. El huapango característico de la Huasteca se baila en parejas sobre una tarima, o zapateado directamente sobre el piso de tierra; los sones se acompañan con versos cantados tanto en español como en huasteco.

Las danzas de la región son el "Volador", llamada también del "Aguila" o del "Gavilán", "Las Varitas" y la "Malinche".

INDUMENTARIA

Los hombres usan calzón y camisa de manta, huaraches o zapatos. Recientemente se ha introducido el uso de pren-, das industrializadas.

La indumentaria de las mujeres de Tantoyuca consiste en vestidos de tela industrial, elaborados en casa, aun cuando persiste la blusa bordada y falda plisada en poblaciones cercanas. Las prendas femeninas de las huastecas de San Luis Potosí son el liado o refajo, la faja o ceñidor, el *quech-quémitl*, además de un pañuelo doblado en triángulo sobre la cabeza, que se considera prenda de lujo. El vestuario se complementa con una blusa o camisa de algodón. El ador-no del cabello se realiza trenzándolo con cintas o estambres quedando alrededor de la cabeza como una especie de co-

Detalle de la indumentaria huasteca. *Quechquémitl* bordado.

rona; a este rodete se le llama *petob*. Para enredarse el cabello, algunas ancianas utilizan bejucos.

MEDICINA INDIGENA

En Aquismón, el curandero puede ser de cualquier edad, en Tantoyuca es generalmente un hombre viejo. Pero en ambos lugares se dice que el don de la curación sólo se transmite dentro de un reducido número de familias.

En Aquismón, cuando se preparan las tierras para sembrar se hace una ofrenda en el campo, que consiste en un gran tamal o *bolim*, un corazón de pollo y aguardiente.

En la época de la siembra se lleva a cabo una ceremonia en la cual se colocan en el altar familiar doce mazorcas "vestidas", se corta el árbol principal para un trapiche y se ofrece aguardiente. En Aquismón se ofrece *bolim* o aguardiente al árbol cuando se inaugura el trapiche. El aguardiente se riega en las cuatro esquinas y alrededor de la máquina; en el suelo se quema el corazón de pollo. Este mismo rito se realiza cuando se inaugura una casa. En Tantoyuca se coloca una cruz de palma en cada esquina de la nueva casa y se hace una comida.

Dentro de los ritos relacionados con la agricultura, los huastecos realizan la *ceremonia del maíz nuevo* en los días previos a la siembra.

SALA 8. MAYAS DE TIERRAS BAJAS

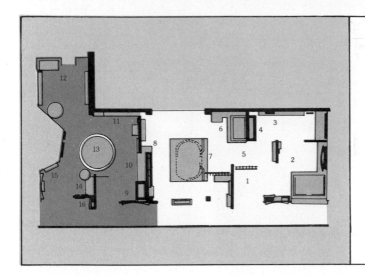

LOCALIZACION

Los mayas de Tierras Bajas se asientan en una amplia zona geográfica integrada por los estados de Tabasco, Campeche, Yucatán, Quintana Roo y una zona del estado de Chiapas.

La hidrografía de la región es variada y Tabasco es el estado que cuenta con innumerables lagos, lagunas y extensas zonas pantanosas. Dos son los ríos más importantes de la región; ambos nacen en la República de Guatemala: el Grijalva y el Usumacinta (mono sagrado). En Yucatán, la permeabilidad del terreno y la falta de desniveles orográficos impiden la existencia de corrientes superficiales; sin embargo, abundan las corrientes subterráneas. Si éstas tienen entrada a la superficie se llaman cenotes.

La familia lingüística maya muestra una red de interrelaciones que es difícil deslindar. Se supone que las actuales lenguas en alguna época formaron una comunidad lingüística, que por razones geográficas e históricas se fueron diferenciando poco a poco.

El chol, en el estado de Chiapas, se localiza principalmente en los municipios de Catazajá, Palenque, Salto de Agua, Tila, Tumbalá y Yajalón.

En la parte central de Tabasco se encuentran los hablantes de chontal, en las comunidades de Nacajuca, Centro Cintla, Jalpa y Macuspana. El chontal tiene dos formas dialectales, el de la zona costera y el yocotán en Macuspana; este último cuenta con un gran número de hablantes.

El maya-lacandón se subdivide en cuatro formas dialectales; a saber: yucateco, lacandón, mopán e itzá; el yucateco

La *habitación chontal* en general, es de planta rectangular sin ventanas, con dos puertas, una frente a la otra para establecer una corriente de aire fresco.

se habla en los estados de Yucatán, Campeche y Quintana Roo.

HABITACION

La habitación es de planta rectangular con paredes de ladrillo, bajareque o tablas; techo de cuatro aguas de teja roja o guano. Las camas, cuando existen, son de tablas con un petate; pero generalmente se usan hamacas que cuelgan del techo. Un baúl de grandes dimensiones sobre una base ocupa un extremo de la habitación; este baúl es lo primero que recibe la mujer cuando contrae nupcias; en el otro extremo, "el altar de ánimas", junto a él, instrumentos de trabajo como el extractor de miel, bules para llevar agua al campo y pequeños bancos. Como anexos a la habitación se encuentran la cocina con fogón alto, el *canché* o terreno para sembrar hierbas culinarias, el apiario y el pozo que se llena con agua de lluvia.

ECONOMIA

Los mayas fundan su economía en el cultivo del maíz y el frijol para el autoconsumo. Existen cultivos comerciales como el café, el cacao, el chicozapote y el henequén. Estos cultivos se producen en fincas, plantaciones y ejidos.

Para la extracción del chicle se contrata temporalmente a los mayas y se les traslada a las selvas de Campeche y Quintana Roo, donde se localizan los campamentos, cuya mayor actividad se realiza en los meses de julio a febrero. En estos campamentos trabajan también mujeres realizando actividades de cocineras y lavanderas; éstas en su mayoría son las esposas de los chicleros, ya que las reglas de las cooperativas impiden que ellas viajen solas.

Para obtener el látex los chicleros hace cortes transversales en la corteza del árbol; al pie de éste se coloca una bolsa de manta parafinada para recoger la savia. La savia se cocina a fuego lento en pailas; ya cocinada se lleva a las cooperativas y de ahí al mercado internacional.

Otro de los cultivos básicos entre los mayas es el henequén. Las especies más comúnmente cultivadas son el *Agave fourcroy-des lem (zak-ki)* y el *Agave sisilana-perrine (Ya'ax-ki)* Cada penca rinde de dos a tres y medio por ciento de su peso en fibra, con la cual se elaboran hamacas, bolsas y diversos objetos.

EXTRACCION TRADICIONAL DE MIEL Y CERA

Los colmenares se encuentran en troncos, se saca la miel con todo y panal, se exprime sobre una cubeta, con lo que

Los lacandones hacen uso de todo lo que la naturaleza les brinda; una muestra de ello es la *guitarra* instrumento musical hecho de calabazo.

Los lacandones viven en *caribales* no permanentes, cuando la tierra se agota cambian de residencia. La indumentaria tradicional se usa en determinadas ceremonias.

193

La *alfarería* es una de las actividades más antiguas, se manufactura en el *k abal* o "torno prehispánico" Algunos alfareros producen incensarios, cajetes y figurillas para días de muertos.

la miel queda de color cristalino, la cera se revuelve con agua en un cazo, se pone a hervir hasta que está líquida, se retira del fuego y se deja enfriar quedando la marqueta lista para su venta o consumirla posteriormente en forma de velas. La miel se lleva a los acaparadores y éstos la exportan a diferentes lugares, como Japón.

TEJIDO DE SOMBREROS

Entre las artesanías se destaca la manufactura de sombreros de jipi, el más fino es aquél que se hace con veinticuatro hilos de palma y se denomina panamá. El tejido del sombrero se realiza en cuevas, ya que en ellas se conserva la humedad y suavidad de la materia prima.

INDUMENTARIA

Cada uno de los grupos tiene una manera peculiar en su vestido. La mujer chontal lleva blusa blanca con bordado

polícromo y falda floreada de algodón. Los lacandones, largos *huipiles* de algodón, aunque si visitan las poblaciones
visten indumentaria industrializada. Los mayas de Campeche visten blusa bordada en negro con motivos vegetales,

De las actividades que la mujer
maya realiza dentro de su casa,
están el *bordado y la manufactura
de hamacas*.

falda sujeta a la cintura, adornada con olán de encaje y rebozo de seda. Este vestido se adorna con alhajas (cadena, sa-
lomónica, rosario) de oro. Calzan chanclas sin talón y bordadas.

La maya de Yucatán lleva el llamado "traje de mestiza",
que consiste en una enagua bordada llamada "fustán" y sobre ésta un *huipil* profusamente bordado con flores de calabaza.

CEREMONIAS

Una de las ceremonias de gran tradición entre los mayas,
es la del bautizo de infantes o *Hex mek*. El padrino carga
al niño a horcajadas sobre la cadera, se dan nueve vueltas
a una mesa sobre la que se han colocado algunos objetos,
de acuerdo con el oficio o profesión futura del hijo varón.
Para las niñas siguen siendo los objetos principales agujas,
hilo y telas. El padrino regalará al niño monedas, que expresan el deseo de que no le falte dinero.

Las fiestas religiosas que se celebran en la región tienen
una duración de nueve días y se realizan en la plaza principal. En ella todas las noches hay bailes típicos; el encargado
de la fiesta lleva a la iglesia cierto número de velas, las que
se reparten entre las personas que al año siguiente realizarán
las fiestas. Uno de ellos será el encargado de llevar "la cabeza de cochino" bailando durante el recorrido de la iglesia
a su casa. Delante de la cabeza va una persona con una
jícara llena de maíz; es decir, va llamando al cerdo. En la
casa del encargado, hombres y mujeres bailan "el torito" lo
que señala el fin de la fiesta.

Una ceremonia agrícola muy importante en la región es
la del Chac-chac; en ella se realizan ritos para propiciar
la lluvia y las buenas cosechas. Se efectúa en los campos
de cultivo y en ella intervienen únicamente hombres acompañados por el sacerdote maya de la comunidad o *H-men*.
Algunos niños representan a las ranas que llaman al agua
durante la ceremonia.

DANZAS

Entre los chontales de Tabasco las danzas se acompañan
de una tambora grande, tambor mediano y chico; así como
de una flauta. Los tamborileros de Nacajuca son famosos
en la región e interpretan piezas tradicionales como "La Ga-
llina", "El Tigre", "El Baila Viejo" y "El Hombre Garrido"
El vestuario de "Baila Viejo" se caracteriza por una máscara
pequeña sobre la frente del danzante, camisa de manga corta y calzón "cruzado"; en las manos una sonaja de metal
y un abanico semicircular.

Página siguiente. El *terno de
boda y vaquerías* (fiestas) es
lujoso, a éste se agregan joyas de
oro elaboradas con técnica de
filigrana.

196

SALA 9. MAYAS DE TIERRAS ALTAS

En el estado de Chiapas se asientan tzotziles, tzeltales, tojolabales, mames y zoques; pertenecen sus lenguas a un mismo tronco: el mayance.

AMBIENTE ECOLOGICO, ASENTAMIENTOS

Muchas comunidades se encuentran cercanas a San Cristóbal de las Casas, entre las que destacan: Larraínzar, Magdalena, Mitontic, Chamula, Zinacantán y Venustiano Carranza, de los tzotziles; Bachajón, Tenejapa, Oxchuc, Amatenango del Valle, Huixtan, de los tzeltales. Los tojolabales viven cerca de Comitán, en los municipios de Las Margaritas, la Independencia y la Trinitaria; los mames, en los de La Grandeza y El Porvenir, en la frontera con Guatemala; los zoques, después de la erupción del Chichonal han sido trasladados a otras comunidades cerca de Tuxtla Gutiérrez.

El hecho de que los asentamientos indígenas se hayan dado en lugares de tierra caliente o de tierra fría ha ocasiona-

TZOTZILES   TZELTALES

do diferencias; los del norte, los más aislados, son más conservadores; los del sur, más cercanos a las poblaciones de mestizos, han aceptado muchos cambios.

Los poblados indígenas son un conjunto de casas o barrios situados alrededor del centro religioso y político, donde se asienta el ayuntamiento y la iglesia, los indígenas que tiene algún cargo y algunas veces los ladinos.

Sus casas son de un solo tipo, con variaciones únicamente en los materiales, según estén en tierra fría o caliente. La casa posee un solo cuarto dividido en cocina y dormitorio, el techo puede terminar en pico o caballete; el mobiliario está adaptado a sus necesidades, en la cocina ya es frecuente el uso del plástico y del peltre.

ORGANIZACION POLITICO-RELIGIOSA

Las comunidades indígenas se gobiernan por dos tipos de autoridades: la política, que sigue el patrón del municipio federal, donde la mayoría de los integrantes son indígenas, el secretario ladino maneja los "papeles" y recibe pago por su trabajo; y la religiosa que se basa en cargos dentro del

TOJOLABALES   MAMES

Los *asentamientos indígenas* pueden seguirse en el mapa: tzotziles, tzeltales, tojolabales en los Altos. En la frontera con Guatemala, los mames.

199

Entre los *tzotziles*, los hombres siembran y trabajan en la cestería y carpintería; las mujeres, hacen el trabajo doméstico, hilan y tejen, algunas son alfareras.

ritual católico y tradicional: mayordomos, capitanes, alféreces, regidores y alcaldes. Ellos tienen muchas obligaciones, y una de las más importantes consiste en organizar la fiesta en honor de los santos; los cargos se solicitan como mandas. Los principales usan ropa más elaborada y bastones de mando. Es obligación de todo hombre servir al menos en un cargo, sin remuneración alguna, y que significa un gran sacrificio económico; sin embargo, es básico para lograr prestigio. Muchos rasgos tradicionales se han ido perdiendo por el contacto con los ladinos o por influencia de otras religiones.

ECONOMIA

Su dieta se basa en el maíz y sus derivados, tales como el pozol, que lo utilizan en los viajes o cuando van a la milpa; por el contacto con los ladinos, se ha introducido el consumo de latas, refrescos y bebidas alcohólicas.

La siembra se efectúa según el calendario indígena; hay peticiones de lluvia y de cosecha, los hombres al sembrar, usan coa y azadón. Es raro el uso de animales, abono e irrigación. Durante la época en que los hombres van a las plantaciones de café, las mujeres se quedan a cargo de todo el trabajo, cuidando los rebaños de ovejas y criando cerdos que intercambian por aguardiente.

Hay gran variedad de productos manufacturados, entre los que destacan los textiles, el tejido de bolsas, redes y canastas, el trabajo de talabartería y curtiduría, la cerámica; además producen muebles e instrumentos musicales como guitarras y arpas.

El hilado y el tejido son actividades femeninas, si bien ha empezado a dejarse de usar en pequeñas regiones, es un orgullo de la familia ponerse la ropa que la mujer ha elaborado. Ellas preparan la lana. la lavan, cardan, hilan y tiñen, según sea la prenda que van a tejer; en cambio, compran el algodón, el hilo y los estambres de colores.

Algunas comunidades se especializan en tejer lana. como en Chamula, o algodón, en Venustiano Carranza. En otras,

En la indumentaria tradicional, cada comunidad ha introducido variantes que la identifican. *Hombre tojolabal.*

como Tenejapa, Chenalhó, Magdalena, además del tejido las mujeres elaboran bellísimos bordados y brocados, en Zinacatán acostumbran tejer los *huipiles* de novia con plumas en la orilla.

Las actividades comerciales son escasas entre los indígenas, pues mantienen una estrecha interdependencia con los ladinos; aquéllos compran objetos para los rituales, además de telas, listones, artículos de ferretería, etcétera, en los grandes mercados de San Cristóbal de las Casas y Comitán. Sin embargo, en esta relación comercial los ladinos siempre llevan la ventaja, tanto al vender sus propios productos, como al comprar a los indígenas los suyos.

La elaboración de la chicha y el aguardiente de caña que preparaban, ahora está muy restringida.

INDUMENTARIA

La indumentaria tradicional se compone básicamente de las mismas prendas, aunque cada comunidad le ha introducido variantes con las que se siente identificado: camisas de diferentes medidas de largo, que llegan a ser túnicas en Oxchuc; calzones cortos con brocados en las piernas, como los de Tenejapa; cotones cortos de algodón con bordados, como los de Zinacatán; grandes chamarros de lana, como las de Chamula; cinturones, huaraches de talonera, fajas... Entre los tojolabales las camisas hechas a mano presentan bordados en el cuello y las mangas. Sombreros de diferentes alturas en la copa, y el tamaño del ala con un arreglo de listones; estas prendas están variando por el contacto con los ladinos e, incluso, ya se usan combinándolas con tenis, pantalones y camisas de tipo industrial.

En general las mujeres usan básicamente un enredo azul o negro de lana o algodón, blusa tejida o de manta con adornos bordados, *huipiles* tejidos en telar de cintura bordados; se distinguen los de Magdalena, Chenalhó y Tenejapa, cuyos diseños encierran gran simbolismo; los brocados en algodón de Venustiano Carranza, donde además usan el único enredo que se borda con artisela de colores; fajas, tocas o chales de lana, mantas para cargar a los niños, adornos. Las tojolabales visten blusas bordadas a mano, faldas con adornos de encaje y un fondo de manta muy amplio; la mayoría de las mujeres van descalzas.

Los trajes ceremoniales y los propios de los cargos religiosos son tan elaborados como los de los danzantes, que llegan a utilizar terciopelos, cascabeles y tocados con pieles de animales.

RELIGION, FIESTAS, TRADICIONES

Toda su vida está permeada por la religión. Del cristianismo toman las oraciones y muchos ritos exteriores, su calen-

En el *mercado* los indígenas están
en desventaja con los
comerciantes mestizos, algunos de
sus productos como la chicha y el
aguardiente están restringidos.

dario de celebraciones tiene como fiestas importantes las
de los santos patronos de cada comunidad.

Se venera a la cruz como la representación de Dios; por
ello se le halla en las casas, cuevas y montes, siempre adornada con flores que junto con el incienso y las velas, son
el alimento de los dioses. Usan amuletos para defenderse
de los males causados por los *nahuales*; como puede verse,
muchas creencias, aún la de la cruz, tienen hondas raíces
prehispánicas.

En las fiestas siempre hay comida, mucha bebida, cohetes, música, danzas. Las más importantes son las de Navidad y el carnaval, sobre todo en Chamula, donde aún practican el rito del fuego, que consiste en apagar una calzada de zacate ardiendo, corriendo por encima, ya sea descalzos o con huaraches; en año nuevo ocurre el cambio de autoridades. Para los tojolabales, destaca la fiesta de San Caralampio, que se verifica en Comitán en febrero.

Las comunidades más conservadoras acostumbran el pago de la novia, aparte de fiestas al realizarse la boda y cuando se construye la nueva casa. El momento del parto se acompaña con ceremonias; la más importante es la "siembra del alma", ya que cada persona posee dos: una que sigue el destino que determinan los santos, y otra que se comen los *nahuales* cuando se muere.

Las enfermedades son constante preocupación, pues se cree que pueden ser de origen divino o humano.

Fiestas y ceremonias son ocasiones para lucir las mejores prendas entre los mayordomos y autoridades: *Alférez de chamula*.

SALA 10. NOROESTE

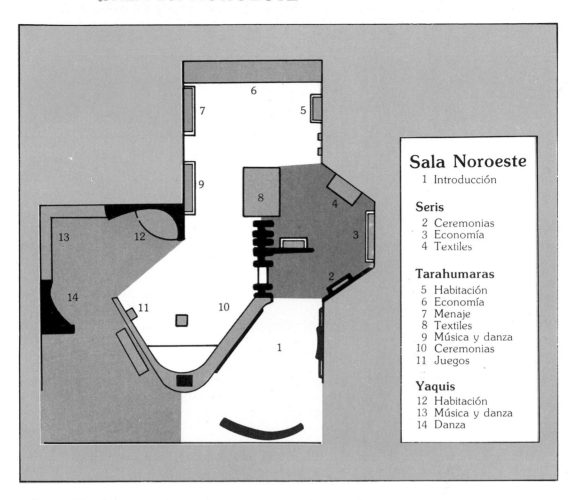

Sala Noroeste

1 Introducción

Seris

2 Ceremonias
3 Economía
4 Textiles

Tarahumaras

5 Habitación
6 Economía
7 Menaje
8 Textiles
9 Música y danza
10 Ceremonias
11 Juegos

Yaquis

12 Habitación
13 Música y danza
14 Danza

La región del noroeste mexicano agrupa a los estados de Baja California, Sonora, Sinaloa y Chihuahua. Se extiende a lo largo de 654,651 kilómetros cuadrados, es decir, más de la tercera parte del territorio nacional. El clima típico del noroeste es seco desértico o estepario y sus altas cordilleras; la Sierra Madre Occidental separa a Chihuahua de la planicie costera, lo que ha conformado una diversidad de paisajes al interior de la región, esto es, de desiertos, montañas, costas y valles.

Actualmente, en esta región habitan quince grupos étnicos que, en conjunto, suman una población de más de cien mil individuos distribuidos del siguiente modo. En la zona norte de Baja California viven cinco grupos étnicos: cucapá, kiliwa, cochimi, pai-pai y kumiai. En Sonora, pápagos, ópatas, pimas, jovas, mayos, yaquis, seris y guarijios. Y en Chihuahua, tarahumaras y tepehuanos.

La *pesca* es una de las actividades económicas del grupo seri, su importancia radica en sus ingresos económicos y por ser base de su dieta.

MEDIO GEOGRAFICO

La sierra, la planicie costera y el desierto son los tres componentes principales del paisaje del noroeste. La parte oriental del área corre a todo lo largo de la Sierra Madre Occidental. La sierra va desde los altos picachos hasta profundos barrancos, y esta oscilante topografía determina la existencia de enormes cambios de temperatura, desde los helados bosques hasta los barrancos tropicales; además, fuertes lluvias azotan la sierra, formando ríos caudalosos que llegan hasta el mar en largos y profundos cauces.

La costa y el centro constituyen una enorme llanura surcada por tres grandes ríos: Yaqui, Mayo y Fuerte y atravesada por innumerables arroyos. Hoy en día varias presas controlan esas corrientes, convirtiendo el área en fértiles valles propicios para la agricultura comercial.

En el norte se localiza uno de los desiertos más inhóspitos del mundo: el Sonora-Arizona, cálido, seco, con vegetación de cactus y matorral espinoso. La porción norte de la planicie costera que colinda con el desierto tiene sus propias características fisiográficas, y ningún río de consideración la atraviesa por el sur.

LOS SERIS

El área que habitan los seris comprende básicamente dos poblados costeros desérticos, Punta Chueca y El Desemboque, una estrecha faja de la costa de Sonora y las islas cercanas a los anteriores poblados. En los años recientes se establecieron en las poblaciones costeras mencionadas, situadas en áreas desérticas.

ECONOMIA

Las actividades primordiales del grupo son la pesca, la manufactura y la venta de artesanías, así como la producción de alimentos; aparte los seris se dedican a ocupaciones secundarias, como la ayuda en tendajones y guías de turistas.

La pesca se realiza por lo regular durante dos o tres días consecutivos. Al caer la tarde del último día los seris emprenden el regreso. Luego de permanecer unos días en las localidades, más tarde repiten nuevamente el ciclo de esta actividad. En estas tareas participan unos cuantos pescadores indígenas durante la temporada alta del turismo que llega a las localidades o a Bahía Kino, por lo que en junio y julio la pesca es prácticamente nula.

La manufactura de artesanías representa una actividad muy importante para el grupo. Cuatro son los tipos de arte-

Toca a la mujer la confección de diferentes tipos de cestos de fibras vegetales, los seris les llaman *coritas*.

Actualmente la actividad que más intensamente se practica es la creación de artesanías, tocando a los hombres elaborar las que son hechas de *Madera* "Palo Fierro."

sanía que a la fecha producen los seris: esculturas de palo fierro; cestería; blusas, camisas y faldas de manta, y los collares de concha.

ORGANIZACION SOCIAL

El grupo ha sufrido cambios importantes, entre los que destaca la organización de una cooperativa pesquera y la introducción de nuevas técnicas y oficios, como la mecánica y la carpintería; sin embargo, son los armadores y los comerciantes regionales quienes se benefician con el producto del trabajo de los seris.

En lo que respecta a sus condiciones de vida, el grupo seri padece elevados índices de analfabetismo e insalubridad, así como la ausencia de los más elementales servicios urbanos: agua potable, luz eléctrica, drenaje.

En la actualidad, la creencia en las fuerzas naturales se ha debilitado pues la religión protestante ha venido a modificar tanto la vida familiar como la comunitaria.

LOS TARAHUMARAS

La palabra tarahumara corresponde a la castellanización del término indígena *Rarámuri* que significa "los pies ligeròs" El idioma tarahumara pertenece a la familia pimana del tronco yuto-nahua del grupo nahua-cuitlateco; la lengua es un elemento importante para mantener la identidad del grupo.

DEMOGRAFIA

Actualmente los tarahumaras conforman una población de más de sesenta mil individuos, que se encuentran dispersos en una área de más de 60 mil kilómetros cuadrados que comprende veintiséis municipios. De acuerdo con el número de su población, destacan: Urique, Guachochi, Carichi, Bocoyna, Balleza, Batopilas, Morelos, Guadalupe y Calvo, Chinipas y Guazapares.

El pueblo constituye la unidad básica de la población y aglutina varias rancherías. Las características geográficas de esta región influyen en el tipo de habitación; así, en la Alta Tarahumara, donde la madera constituye un recurso fundamental, predominan las casas de tronco de árbol, mientras en la Baja Tarahumara están hechas de piedra y lodo con techos de vigas cubiertas de zacate.

ECONOMIA

Este grupo es agricultor, pastor, cazador y recolector. La agricultura es de temporal y para el autoconsumo. Los pro-

Las tarahumaras confeccionan
cobijas o sarapes, hechos en
telares de horcones horizontales
tendidos sobre el suelo.

ductos cultivados en la Alta Tarahumara son maíz, frijol,
trigo, calabaza y papa. En la Bája Tarahumara se siembra
maíz, frijol, chile, cebada y legumbres.

En cuanto a las artesanías, los productos más importantes
son los elaborados con vegetales, minerales y fibras de origen animal como la lana. Los artesanos confeccionan sus
cobijas y fajas en telares manuales.

ORGANIZACION SOCIAL

Para los tarahumaras, sus legítimas autoridades son las
tradicionales. El gobernador o *siriame,* elegido por el pueblo, ejerce las funciones de mando de justicia, de orden público y de mantenimiento de las tradiciones, según los dicta-
dos de los valores y costumbres tarahumaras. Se cuenta con
un cuerpo militar: un general, varios capitanes y soldados,
así como policías.

IDEOLOGIA

El templo es el centro religioso y social de las comunidades cristianas tarahumaras, y cada pueblo tiene maestros
rezanderos encargados de cuidar el templo.

Las ceremonias tradicionales se relacionan con el culto astral, con ritos de fecundidad y ceremonias para alejar el mal, o bien para invocar la seguridad y tranquilidad. Además del sol y la luna, los tarahumaras tienen una gran variedad de creencias en seres acuáticos, subterráneos y atmosféricos, cuya acción pretenden contrarrestar.

DANZA

La danza es un elemento importante en la vida de los tarahumaras; la del *Tutuguri* es ejecutada con cantos mágicos y bailes. El baile puede ser individual, pero frecuentemente se amplía al ámbito familiar o colectivo. Se acostumbra bailar en un patio o explanada, ante tres cruces adornadas con collares y ofrendas. El *Yumari* es una danza que se desarrolla al terminar la fiesta, y en ella participan hombres y mujeres dirigidos por un danzador.

Los "Matachines", danza de introducción colonial, es en la que se recurre a la indumentaria más vistosa; se realiza durante las fiestas del año.

JUEGOS

Por lo que hace a los juegos, dos son los que más se practican: las carreras de bola, entre los hombres, y las carreras de lanzamiento de un pequeño aro, entre las mujeres.

En la carrera de bola, se forman dos equipos, cada uno con su bola del tamaño de una pelota de beisbol; levantan la bola con el pie y la lanzan lo más lejos posible. Los mejores corredores dejan que sus compañeros tiren la bola hasta que se cansen, para entonces intervenir ellos al final. Son muy frecuentes las apuestas, desde hilo, lana, manta, espejos, hasta dinero y animales.

El juego del aro o *arihueta*, la carrera de mujeres, consiste en lanzar un aro de ramas entrelazadas de palmilla con un palo encerado de *coyajipari*. También forman dos bandos, se acuerda de antemano los puntos de partida y de llegada, así como el número de vueltas. Hay apuestas y el trayecto es más corto que el recorrido por los hombres.

LOS YAQUIS

Durante cuatrocientos cincuenta años el grupo yaqui ha logrado hacerse sentir en forma importante tanto en México como en Estados Unidos. Su profundo sentimiento de autodeterminación y soberanía territorial, los ha orillado a continuos enfrentamientos armados con las diversas autoridades políticas que han existido en el país, desde la Colonia hasta este siglo.

Página siguiente. Máscara de chapayeka o fariseo. Estas máscaras, se usan en la representación de la pasión y representan personajes maléficos.

210

Se localizan en la parte sureste del estado de Sonora, en los municipios de Guaymas, Cajeme, Bácum y Empalme, distribuidos en una superficie de 4,890 kilómetros cuadrados.

Los pueblos yaquis conforman una unidad política y territorial definida. Las comunidades son los núcleos de población específicos y, por tanto, cada pueblo puede estar compuesto de varias comunidades: Cócorit, Bácum, Torim, Vícam, Róhum, Huírivis, Pótam, y Belén. El clima de esta zona es semidesértico y extremoso, y registran temperaturas hasta de 40° C en el verano y de 3° C en el invierno.

ECONOMIA

Los cultivos tradicionales, frijol, calabaza, maíz y otros, se han sustituido por trigo, algodón, ajonjolí, garbanzo y soya, principalmente. En 1980, con apoyo oficial, se crea una cooperativa pesquera, a la que se agregó una ganadera en 1982. Además de las organizaciones para la producción agrícola, pesquera y ganadera, había otras, aunque agrupaban menor número de miembros.

Para el grupo yaqui las actividades relacionadas con las artesanías y manufacturas son complementarias a la agricultura. La principal actividad artesanal es la fabricación de petates o esteras de carrizo. La elaboración de rosarios, máscaras de fariseo o de pascola y de los instrumentos musicales, recae en especialistas o en los propios oficiantes de cargos.

ORGANIZACION SOCIAL

Los pueblos son la base de la organización territorial de la sociedad yaqui y comprenden no sólo los asentamientos, sino también una porción correspondiente de tierras. En cada pueblo las instituciones civiles, militares y religiosas forman una unidad para organizar todo lo referente a la vida social de los yaquis.

Las instituciones civiles están integradas por una asamblea en la que participan todos los habitantes del pueblo, un anciano a quien se le denomina "pueblo mayor" y un grupo de gobernadores, cuyo poder es jerarquizado. A las instituciones militares de cada pueblo las integran individuos diferenciados en función de su rango, desde soldado hasta capitán.

La organización se basa en tres instituciones principales: la iglesia, los fiesteros y la costumbre.

MUSICA Y DANZA

Entre los yaquis la música y la danza son de singular importancia. No hay festividad o ceremonia que se efectúe sin la presencia de músicos y danzantes. Tres grupos danzantes, con sus respectivos músicos y cantantes, son los encargados de satisfacer esta demanda social: danzantes del venado, las pascolas y los matachines.

SALA 11. NAHUAS

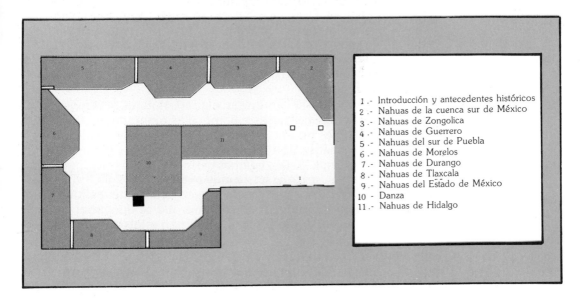

Los nahuas son el grupo indígena más extendido en el actual territorio de la República Mexicana. Encontramos asentamientos del grupo en trece entidades de nuestro país: Puebla, Hidalgo, Veracruz, Morelos, San Luis Potosí, Guerrero, Jalisco, Durango, Tlaxcala, Oaxaca, Estado de México, Colima y Distrito Federal, con una población, según registra el Censo General de Población de 1980, de 1,376,989 hablantes de lengua náhuatl.

Para entender el porqué de la dispersión del grupo es necesario remontarnos a la época prehispánica. Algunos grupos de nahuas llegaron como inmigrantes a los lugares donde ahora se encuentran, primero a la caída de Tula y posteriormente a consecuencia de otros acontecimientos políticos y económicos.

Fueron los señores mexicas quienes iniciaron una serie de conquistas militares y económicas expandiendo los dominios de México-Tenochtitlán por casi todo el territorio de la antigua Mesoamérica. Estas conquistas impusieron formas de dominación que se reflejaron tanto en el pago de tributos como en la superposición de nombres en náhuatl de muchas poblaciones y en la influencia que se ejerció sobre los dirigentes para adoptar formas de comportamiento de este grupo. El náhuatl se convirtió en la lengua más importante del territorio mesoamericano y aun más allá de sus fronteras, hasta Centroamérica, donde actualmente encontramos poblaciones de nombre nahua en El Salvador, Honduras y Nicaragua.

La Conquista española colaboró en la dispersión del grupo nahua, llevando grupos de nahuas, principalmente de

Tlaxcala, a colonizar extensas zonas del norte del país. Así se fundaron poblaciones como Santa Fe, San Esteban de la Nueva Tlaxcala y San Antonio de Béjar. Estos colonizadores llevaron la lengua y muchos de los patrones culturales que los identificaron; de ahí surgió la floreciente industria textil de Coahuila y quedan remanentes como la danza de los "Matachines", tan común en Zacatecas, Coahuila y Nuevo León.

A raíz de la Conquista, algunos nahuas se refugiaron en zonas de difícil acceso, como altas montañas en las que los españoles no encontraron incentivos al no existir minas o posibilidades de dedicarse a la agricultura y ganadería en gran escala. Estas regiones permanecieron aisladas de la influencia española hasta muy avanzado el siglo XVI, y su incorporación a formas de organización nuevas fue menos acelerado que la de los nahuas que se encontraban cerca de los grandes núcleos de población establecidos por la Colonia.

En la actualidad y debido a su dispersión en el territorio nacional, los nahuas habitan regiones con condiciones ecológicas muy diversas, compartiendo una base campesina. Han resuelto el problema de la producción de formas diferentes, adecuando las posibilidades del medio para la rotación de cultivos agrícolas tales como el maíz, el frijol, el café y la caña de azúcar, principalmente, cultivos que constituyen la base de la economía del grupo, complementada con la elaboración de productos agrícolas.

La sala presenta aspectos significativos; en ella están representados los nahuas del Distrito Federal, el centro de Veracruz, Hidalgo, Guerrero, Sierra de Puebla, Morelos, Du-

Las mujeres nahuas de la Sierra de Zongolica, Veracruz, tejen en telar de cintura los *gabanes* de lana tradicionales de la región y que los hombres portan orgullosamente.

214

En el mercado nahua de Huejutla, Hidalgo, es frecuente ver a los huastecos, productores de objetos de zapupe y palma, vender los *morrales, sombreros y sogas* elaborados por ellos.

rango, Tlaxcala y Estado de México. En algunas de estas regiones se han perdido ciertos aspectos como la indumentaria tradicional o el uso de la lengua; sin embargo se conservan patrones culturales que los identifican como nahuas, principalmente en las ceremonias religiosas y en las danzas.

DISTRITO FEDERAL

ECONOMIA. PRODUCCION AGRICOLA

El sur del Distrito Federal comprende las actuales delegaciones de Xochimilco, Tláhuac y Milpa Alta; esta región ha conservado población nahua hasta nuestros días, la cual mantiene una forma de explotación agrícola de vital importancia para la ciudad de México: la chinampa, de la que se obtiene un alto rendimiento en la producción agrícola. En la chinampa se siembran hortalizas y legumbres que alimentan a los habitantes del área metropolitana. Desgraciadamente en los últimos años se han urbanizado enormes áreas de

Xochimilco y Tláhuac que estaban dedicadas a la agricultura, para convertirlas en fraccionamientos. La contaminación es cada vez más acentuada en la zona y el deterioro ecológico es notable en la región; el agua necesaria para que el sistema de chinampas se conserve ha ido disminuyendo de nivel, los manantiales se han secado y parte del drenaje de la ciudad desemboca en los canales. La producción de hortalizas y legumbres se ha abatido y ya no alcanza a satisfacer las necesidades locales.

CENTRO DE VERACRUZ

ECONOMIA. PRODUCCION AGRICOLA

En el centro de Veracruz se conserva la mayor parte de los indígenas nahuas del área, quienes se dedican al cultivo de café desde finales del siglo XIX, principalmente en sus pequeñas parcelas. El método utilizado es el tradicional: matas de café sembradas al abrigo de enormes árboles que las protegen de las heladas. La cosecha de café se inicia en el mes de noviembre; en los meses de enero y febrero se intensifica la recolección. Inmediatamente después de cosechado, el café se pone a secar en los patios de las casas sobre petates que se voltean varias veces al día para que los granos pierdan humedad. A continuación se despulpa en morteros elaborados que se han usado desde principios del siglo XIX; el grano que se obtiene por este método se vende en pequeñas cantidades a los acaparadores o se conserva en costales o tenates para el consumo hogareño.

El café sigue un largo proceso de comercialización que va desde los campesinos que lo producen hasta las compañías transnacionales, que compran grandes cantidades del grano. En la región no se ha dejado de sembrar maíz; este producto significa a los indígenas una parte sustancial de su alimento diario.

HIDALGO

ECONOMIA. MERCADO

Es este uno de los estados donde existe un número mayoritario de hablantes de náhuatl, principalmente en la zona de la Huasteca, que abarca doce municipios y cuyo centro rector es Huejutla.

El comercio en esta región ha sido una actividad importante desde la época prehispánica. El *tianguis* periódico permitía a los agricultores intercambiar el producto de su siembra, caza y recolección; las mujeres ofrecían toda clase de alimentos preparados, cerámica y textiles.

En la época colonial el comercio fue una actividad monopolizada por los españoles peninsulares. A los indígenas se les permitió seguir celebrando sus *tianguis*.

En la época actual el mercado de Huejutla, como institución económica encargada de organizar la distribución de bienes, facilita el encuentro de productores y consumidores en un lugar determinado. Hay fluctuaciones en el movimiento comercial en el ciclo semanal. De lunes a viernes el número de comercios es notable. El sábado se inicia un mayor movimiento, ya que llega un número considerable de comerciantes ambulantes para el *tianguis* del domingo. Estos vienen de cuarenta y tres poblaciones diferentes, en primer lugar los radicados en Huejutla, de los que se destaca un gran porcentaje de mujeres nahuas de Chililico que venden su producción alfarera; de Tantoyuca, con sus objetos de zapupe, de Platón Sánchez y aún del centro de México.

GUERRERO

ECONOMIA. TRABAJO FAMILIAR

El grupo nahua de este estado presenta condiciones de vida muy precarias, que se manifiestan en un alto índice de desempleo, bajos niveles de ingreso, insuficiencia de servicios, deficiente alimentación, analfabetismo, injusticia y opresión.

La economía del grupo se basa en la agricultura de temporal. El maíz es el cultivo más importante y el alimento básico en la dieta de la población. El trabajo familiar reviste especial importancia como alternativa económica; en él cada miembro de la familia contribuye con su trabajo. Estas actividades incluyen el tejido de la palma, elaboración de cerámica, el decorado de jícaras, papel amate y otros materiales

La *pintura sobre hojas de papel amate* es una de las manifestaciones de arte popular más conocida de los nahuas de la región central del Balsas, en Guerrero.

de madera. En algunas regiones las mujeres tejen y bordan su indumentaria, como en Acatlán. En otros lugares la familia se dedica a la venta de objetos de piedra y madera, como en Xalitla.

SIERRA DE PUEBLA

MEDICINA TRADICIONAL

En la actualidad, entre los nahuas hay diversos especialistas que, por sus funciones, son llamados yerberos, parteras, hueseros, sobadores, adivinos, curanderos y chamanes. También encontramos hechiceros o brujos que a veces se confunden con los curanderos, probablemente porque desde la época prehispánica se sabía que "el que hechiza sabe también como quitar el hechizo". Aunque muchas veces la misma persona cumple ambas funciones. Los curanderos tienen un amplio conocimiento de plantas, minerales y animales que se usan en forma de infusiones, pomadas y cataplasmas en la curación de las enfermedades.

A estas prácticas se le ha llamado "medicina tradicional" y se encuentra muy arraigada en la mayor parte de los grupos étnicos. Oficialmente sigue siendo una medicina ignorada y marginada, a pesar de que la mayoría de los mexicanos de las zonas campesinas y muchos de las urbanas la practican diariamente.

En la región de Huauchinango, los chamanes nahuas realizan el día primero del año una ceremonia llamada "Flor Grande", que consiste en ofrendar chocolate, pan, tamales, pollo, papel, velas, aguardiente y flores a los *yiyantlis* o *me-*

sas, lugar en el que descansan los aires, y a las cuevas o lugares sagrados.

MORELOS

CEREMONIAS RELIGIOSAS

El estado de Morelos cuenta con un alto porcentaje de población campesina y dentro de ella, una minoría que aún hablan la lengua náhuatl. Sin embargo, la mayoría de los pobladores de Morelos, a pesar de la aculturación que han sufrido, conservan una serie de rasgos culturales de franca tradición indígena. Un ejemplo de ello es la ceremonia de la "enflorada" o "periconeada" que llevan a cabo casi todos los morelenses. Esta ceremonia se realiza de manera general el día 28 de septiembre, por la mañana del día anterior a la "llegada" de San Miguel, que es el día 29.

DURANGO

CEREMONIAS AGRICOLAS

En el estado de Durango habita un pequeño núcleo de población nahua, que se conoce con el nombre de mexicaneros, quienes conviven con los tepehuanes y otros grupos.

El mitote o fiesta de la danza, dedicado a los dioses tradicionales, es llamado por los mexicaneros *Xurawet*; en esta

Los curanderos de la Sierra Norte de Puebla realizan el primer día del año una ceremonia en las cuevas de la región en la que ofrendan pan, chocolate, velas y otros objetos y a la que se llama *Flor Grande*.

219

Izquierda. La *danza de los Tlacololeros* está relacionada con el cultivo de maíz; representa los problemas a que se enfrenta el campesino en su producción.

Derecha. En el estado de Morelos los *Chinelos* de Tlayacapan y Tepoztlán bailan en las celebraciones de carnaval ataviados con hermosos trajes de terciopelo y enormes tocados llamados "Cubetas".

ceremonia se hacen peticiones, principalmente de lluvias. La fiesta tiene lugar en el patio mayor del centro ceremonial de San Pedro Xícora, capital mexicanera, aunque también se realizó en los patios particulares de las rancherías aledañas al pueblo.

Durante el mes de mayo se realiza un *Xurawet* para llamar a las lluvias; se preparan los campos para la siembra; el *mayor* y su *segundo* son los encargados de la purificación y el ayuno en el que participa la población; el *mayor primero* da cuenta a los patrones o dioses y clama por los suyos, sueña cómo vienen los tiempos y encabeza las danzas de "La Pluma" y de "El Venado", en las que intervienen hombres y mujeres. Mientras tanto, el *mayor segundo* toca con la jícara los sones de las danzas.

En el altar, el mexicanero coloca flores y tamales para los dioses y amarra plumas a las flechas que llevarán su plegaria.

DANZA

El hombre ha encontrado en la danza un medio para expresar sus emociones, vivencias y creencias, en ella se reflejan no solamente aspectos artísticos sino formas complejas de interpretar el mundo y de ver la realidad.

En la sala nahua se exponen cinco trajes de danza que muestran parte de la riqueza que tienen estas manifestaciones entre los nahuas. Así podemos comparar las similitudes y diferencias que se ven en los trajes de "paragüeros" de Tlaxcala, con sus máscaras de ojos móviles y vestidos a la europea; "charros" de Tlaxcala, con sus capas bordadas con lentejuelas y sombreros adornados con plumas; "Los Tlacololeros", danza del estado de Guerrero que mantiene una tradición ligada a la agricultura y a la lucha del hombre con la naturaleza; los conocidos "Chinelos" de Morelos y los "Sonajeros" de Jalisco, son formas de danza que han sobrevivido en regiones donde la población ha perdido otros factores de identificación indígena como el traje o la lengua.

TLAXCALA

ECONOMIA, TALLERES FAMILIARES

En el estado de Tlaxcala se manufacturan sarapes y cobijas generalmente de lana. Esta tradición viene desde la época colonial, cuando los españoles introdujeron el uso del telar de pedales para elaborar las telas necesarias en la confección de su indumentaria. El indígena aprendió a usarlo y a trabajar con nuevas fibras como la lana y el lino, indispensables en la confección de prendas españolas.

Izquierda. En Tuxpan, Jalisco se baila una danza llamada *Sonajero* en la que los hombres usan trajes especiales y cuyo nombre deriva de la sonaja que portan en las manos.

Derecha.
Los mexicaneros de Durango realizan una ceremonia llamada *Xurawet* en la que se baila la *Danza del Venado.*

El telar de pedales lo manejan los hombres; la mujer no es ajena al proceso de manufactura ya que ella hila la lana y efectúa otros pasos del proceso textil.

ESTADO DE MEXICO

DIVERSIDAD OCUPACIONAL

El cambio cultural en los campesinos nahuas del Estado de México se debe a la gran influencia de la cultura urbana e industrial, cuyo centro es la ciudad de México; en este cambio tienen que ver los medios masivos de comunicación, radio, prensa, televisión. Aunque persiste en gran proporción el trabajo agrícola, muchos de ellos se han convertido en obreros, vendedores y artesanos.

La mujer realiza labores domésticas tanto en sus casas como en las zonas urbanas que circundan la ciudad de México o desempeña trabajos de maquilado, sobre todo el tejido de prendas de lana que se venden en Chiconcuac.